日経平均を捨てて、この日本株を買いなさい。

ひふみ投信 ファンドマネジャー
藤野英人

ダイヤモンド社

22年勝ち残る
NO.1ファンドマネジャーの超投資法

はじめに〜日経平均が下がり続けても、5倍株、10倍株は出現していた！

チャンスはいつも悲観の中から生まれてきます。

実際に私は、日本株ファンドマネジャーになって22年以上、皆が悲観にくれる時こそ熱心に銘柄を探し、何倍にもなる成長株をたくさん見出してきました。

1990年以降の「失われた20年」と言われる日本経済の中で、「成長株なんて、そんなにあったのか」と思う人も大勢いることでしょう。

しかし、実際に、**2000年以降に株価が5倍になった株はなんと783銘柄もありました。10倍になった株でも278銘柄に上ります**[※]。

そうです、きちんと探せば、大きく成長する株はいくらでもあるのです。

私は、「失われた20年」の始まりである1990年に資産運用会社に入社して、国内と外資系の会社で13年間ファンド運用に携わりました。2003年には「レオス・キャピタルワークス」を創業して、現在は海外の政府系ファンドや年金の資産運用を行なっていま

※2000年以降の直近10年間で最安値と最高値を比較して算出。

す。2008年10月には個人向けの投資信託である「ひふみ投信」を立ち上げました。

その間、中小型株・成長株を見つけて投資、500億円から2800億円にまで殖やすなど、常にトップ争いをするような成績を収めてきました。

この3年間は「ひふみ投信」の運用に力を入れていますが、**TOPIXが29・74％下落する中、累計パフォーマンスは逆に25・79％プラスとなりました**（2011年10月末現在）。

以上のキャリアの中では、大手金融機関の連鎖倒産（1997年〜1998年）、アジア通貨危機（1998年）、ITバブル崩壊（2000年）、米国同時多発テロ（2001年）、リーマンショック（2008年）などさまざまな危機がありましたが、私はそれらの危機をことごとく「優良株を安く買うチャンス」に変えてきました。

こうした高い運用成績は、徹底した企業取材によってもたらされています。

私はこれまで延べ5000社の会社を訪問し、5500人の社長にインタビューしてきました。そして、企業の実態を、経営の現場を数多くこの目で見てきました。これこそが他の人に負けない私の強みです。

その経験を元に執筆した『スリッパの法則』（PHP研究所刊）は、いい会社かどうか

TOPIXは下げ続けている中、筆者の運用している「ひふみ投信」は大健闘！

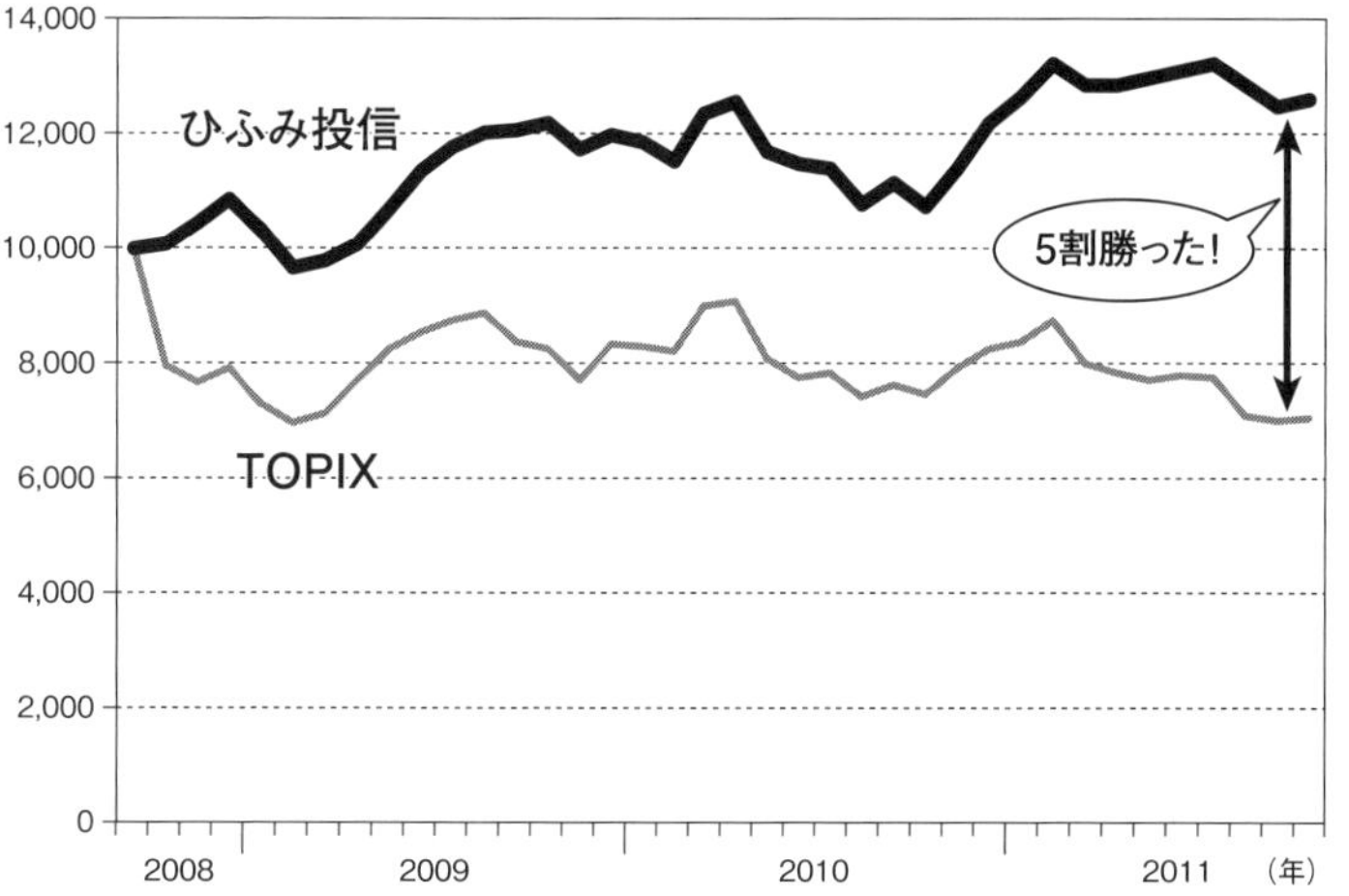

注(1)TOPIXは、当初設定日前日である2008年9月30日の値（1087.41）を10,000として指数化しています。
注(2)ひふみ投信の基準価額は、信託報酬（年1.029%［税抜年0.980%］）を控除した後の数値です。

◉騰落率（2011年10月31日時点）

	日経225	TOPIX	ひふみ投信
過去１ヵ月	3.31%	0.38%	1.04%
過去３ヵ月	-8.59%	-9.19%	-4.65%
過去６ヵ月	-8.74%	-10.31%	-2.03%
過去１年	-2.33%	-5.78%	17.33%
過去２年	-10.43%	-14.60%	3.46%
過去３年	4.80%	-11.89%	24.92%
ひふみ投信設定来	**-22.73%**	**-29.74%**	**25.79%**

を見分ける法則を満載してベストセラーになり、その後も文庫版や図解ムックとして再出版されて多くの方に支持していただいています。おそらく私は、日本企業全体の実態について、誰よりも熟知しているひとりだろうと自負しています。

その私から言わせていただくと、東日本大震災によって日本経済全体が打ちひしがれ、**皆が日本株に対して「今は買えない」と弱気になっている現在は、絶好の投資チャンス**だと思います。

日本の上場企業の多くは、日本経済の低迷が長引く中で必死の努力を重ねて、非常に強い企業体質になっています。また、不況の中でも人々に受け入れられる製品やサービスを懸命に磨き、そのクオリティは非常に向上しています。

今の日本には、投資に値する非常に良い企業がかなり増えてきています。それにもかかわらず、株価は歴史的安値水準に沈んでいるのです。これを投資チャンスと呼ばず、何と呼ぶのでしょう。

ただし、**日本株には大いなる投資チャンスがある一方、重大な注意点もあります**。

それは、腐敗が進んでいる企業も多く残っている、ということです。意外にも多くは大企業です。

ここにきて、大企業の不祥事やトラブルが増えているのは、そうした腐敗が隠しきれないほど進行して表面に表れてきているためです。そして、こうした一部の腐敗した大企業が日本株全体の足を引っ張っています。日経平均やTOPIXなど株価指数の低迷が続く原因の大半は、競争力を失った大企業によるものです。

一部の劣化した大企業の低迷・挫折と、新興勢力の台頭――。

今後2020年代に向けての10年間で、こうした展開がより鮮明になるでしょう。その結果、株価を大きく伸ばす企業と、不振を極める企業と、二極化が一段と激しくなるでしょう。

今、いわゆるインデックス運用が花盛りです。インデックス運用というのは、日経平均連動型投信やTOPIX連動型投信など、株価指数への連動を目指す運用のことで、市場の平均的な成績を狙おうというものです。それに対して、積極的に良い銘柄を探して高い運用成績を目指す投資法をアクティブ運用といいます。

機関投資家はもちろん、個人投資家の間にもインデックス運用が広がってきていて、書店の資産運用のコーナーに行っても、インデックス投資の良さを主張する本ばかりが目立つようになりました。

しかし、残念ながら、日経平均連動型投信やＴＯＰＩＸ連動型投信の成績はこの10年をとっても、この20年をとっても振るいませんでしたし、この先10年も受難の時代が続く可能性があります。

やや過激な言い方ですが「日経平均は死んだ」と言えるのではないでしょうか。「死んだ」という言葉にはいくつかの意味があります。一つは、日経平均が日本の経済や株式市場の実態を正しく映し出すものでなくなってしまった、ということ。そして、日本経済の再生している面よりも衰退している面ばかりを映し出す指標になってしまった結果、今後もあまりパフォーマンスが期待できなさそうだ、という意味です。


一方で、**今後10年は、アクティブ運用の優位性が顕著に表れてくるでしょう。**

特に、「積極的に、良い企業を見極めて、割安な水準で買う」という投資法を理解して行なっていけば、かなり高いパフォーマンスが狙えると思っています。

私は、この「積極的に、良い企業を見極めて、割安な水準で買う」という投資法を『厳選アクティブ投資』と呼んでいます。この投資法こそが、株式投資本来の意義や本質に沿ったやり方であり、資産を増やすという意味でも有効な方法と言えます。

この『厳選アクティブ投資』は、高いパフォーマンスが期待できるだけでなく、一度要領を得てしまえばとても楽しく、社会や経済の勉強にもなり、さらに、社会にも役立つ投資法でもあります。

私は最終的に皆さんに厳選アクティブ投資をする仲間になってもらいたいと思い、本書を書きました。

そのために本書では、

- なぜ、今後インデックス運用の有効性が低下し、アクティブ運用優位になるのか
- これからの時代に伸びる企業をどう見極めたらいいのか
- 日本経済と世界経済は今後どうなっていくのか

というテーマについて、わかりやすく述べていきたいと思います。

ぜひ、最後まで楽しんで読んでいただき、厳選アクティブ投資の素晴らしさや楽しさをご理解いただければと思います。

日経平均を捨てて、この日本株を買いなさい　目次

3章 株価10倍を狙える！日本市場における「超成長株」の選び方

4章 成熟市場・弱気相場でも勝てる！「超成長株」の選び方・買い方・売り方

5章 グローバルデフレに突入！ 今後の世界経済と日本株はこうなる！

目次

6章 日経平均に勝つ！日本株でお勧めの投資信託はこの5本！

1章

日経平均にだまされるな！
今こそ、日本株投資のチャンス

日本を変える新しいスター企業が続々出てきている

今こそ、日本株に投資すべき時です。

確かに今の日本経済にはまだ不安材料もたくさん残っており、ダメ企業もたくさん生き延び続けています。

しかし、そうした中でも、新しい時代の流れをリードするような有望企業がたくさん出現してきています。

現に私が運用に携わる「ひふみ投信」は、成長株を選別して投資することによって、リーマンショック後の3年間でも累計25・79％のパフォーマンスを挙げました。この同じ3年間にＴＯＰＩＸは29・74％下落しています（3ページの図参照）。つまり**株価指数の低迷が続いていても、銘柄選別をきちんとすれば高いパフォーマンスが得られるのです。**

今後の日本株では、そうした傾向がますます強まるでしょう。私は日々銘柄探しをする中で、今の日本では有望株が非常にたくさん見つけやすくなっていることを感じます。たくさんの企業を見て回っている私の実感としては、有望な日本企業は着実に増えています。

では、具体的にどんな有望企業が日本に出現してきているのか。

「ひふみ投信」の運用チームが見出して、資産に組み入れ、大きな利益をもたらしてくれている銘柄の中から紹介しましょう。

スタートトゥデイ（銘柄コード３０９２）、ジェイアイエヌ（３０４６）、セリア（２７８２）の３銘柄は、**リーマンショック後の３年で株価が５倍以上になりました**。ひふみ投信ではこれら３銘柄を上昇初期段階から組み込み、大きな利益を得ています。

スタートトゥデイはファッション通販サイト「ＺＯＺＯＴＯＷＮ《ゾゾタウン》」を運営しています。有名ブランドから知る人ぞ知る高感度ブランドまで多数のブランドを集結させ、ファッション好きな若者の間で圧倒的な定番となっているサイトです。

ジェイアイエヌは、メガネ店「ＪＩＮＳ《ジンズ》」を運営している会社です。この「ＪＩＮＳ」も最近よくショッピングモールなどで見かけますが、超軽量で掛け心地がよく、デザイン性も良いメガネがなんと４９９０円という安さで買えます。メガネ販売本数ではすでに日本で１、２位を争い、今後は海外進出も進めて世界一のメガネチェーンになることを本気で目指している会社です。

セリアは２０１１年６月以降、ひふみ投信の組入銘柄比率が高いランキングでベスト5以内に入り続けています。この会社は、１００円ショップで今一番勢いがあり、キャンドゥを抜いて現在業界2位に浮上しています。

同社の店舗は従来の１００円ショップに比べると明るくておしゃれで、女性中心に消費者から高い支持を得ています。同業界では初めてＰＯＳシステムを導入し、売れ筋商品が充実し、品不足や売れ残りなどがあまりない点が強みになっています。

図1-1 危機続きの3年間でも株価が5倍以上になった銘柄

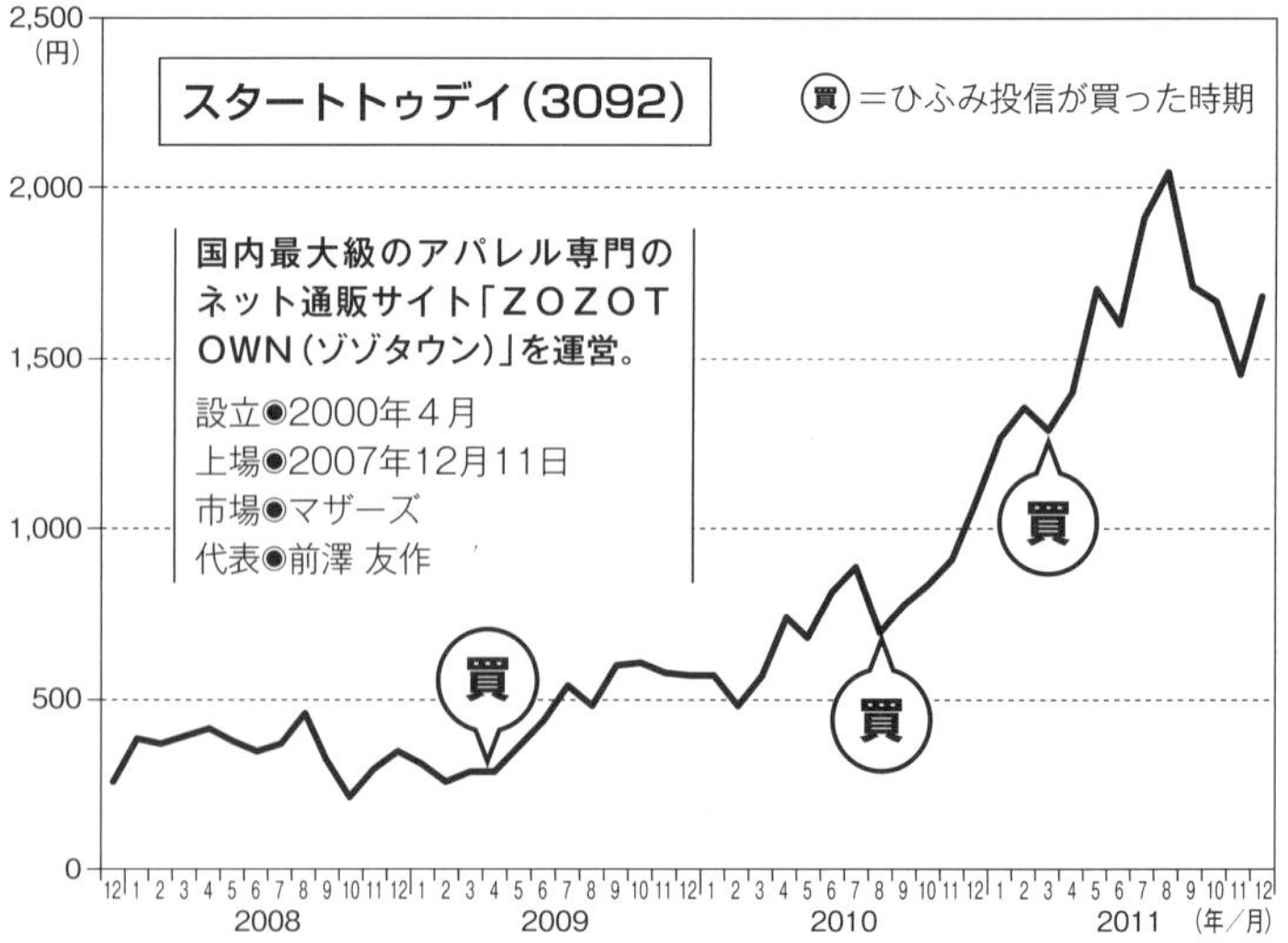

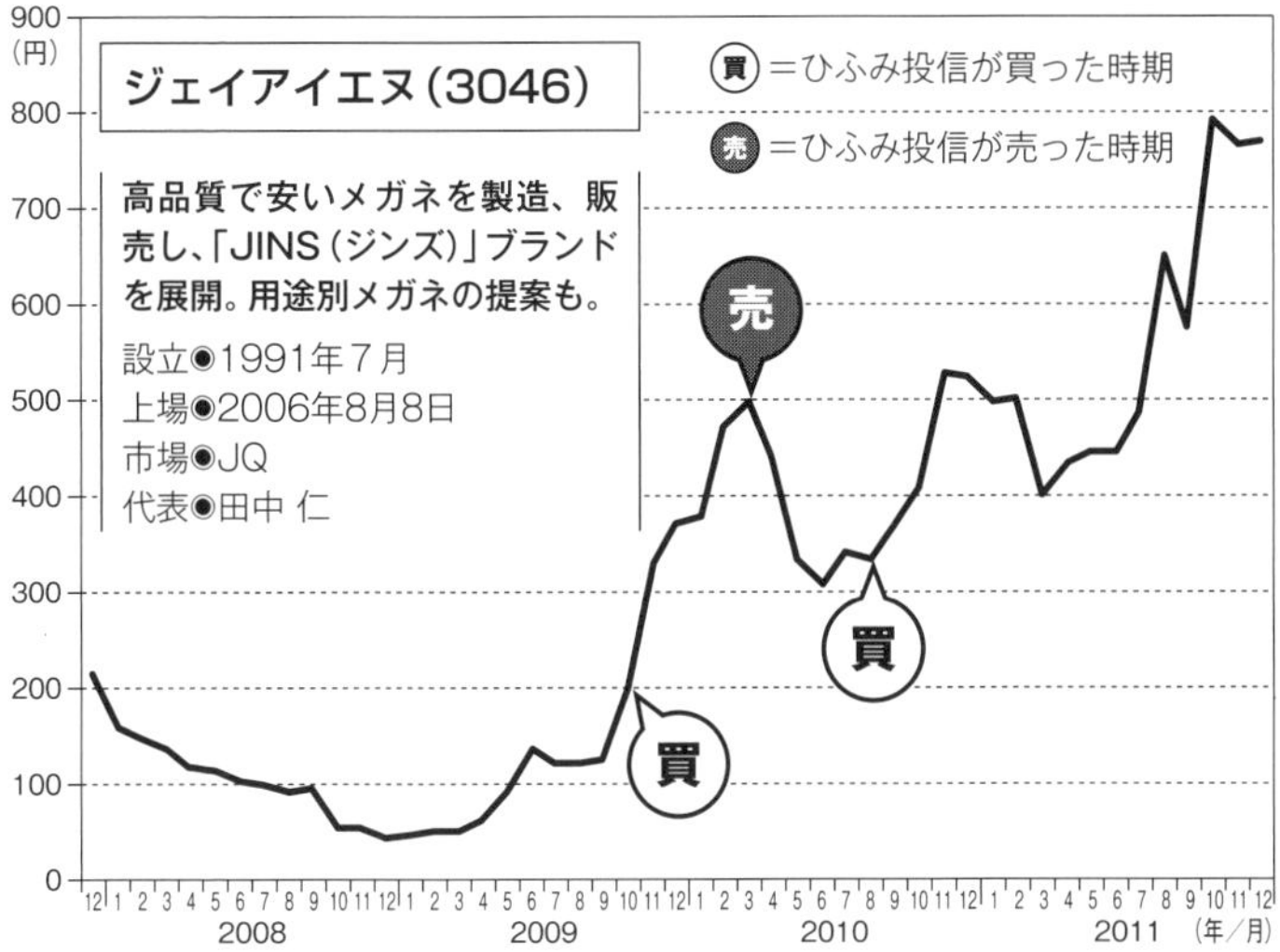
ジェイアイエヌ(3046)
買＝ひふみ投信が買った時期
売＝ひふみ投信が売った時期
高品質で安いメガネを製造、販売し、「JINS（ジンズ）」ブランドを展開。用途別メガネの提案も。
設立◉1991年7月
上場◉2006年8月8日
市場◉JQ
代表◉田中 仁
900
(円)
800
700
600
500
400
300
200
100
0
売
買
買
2008
2009
2010
2011
(年/月)

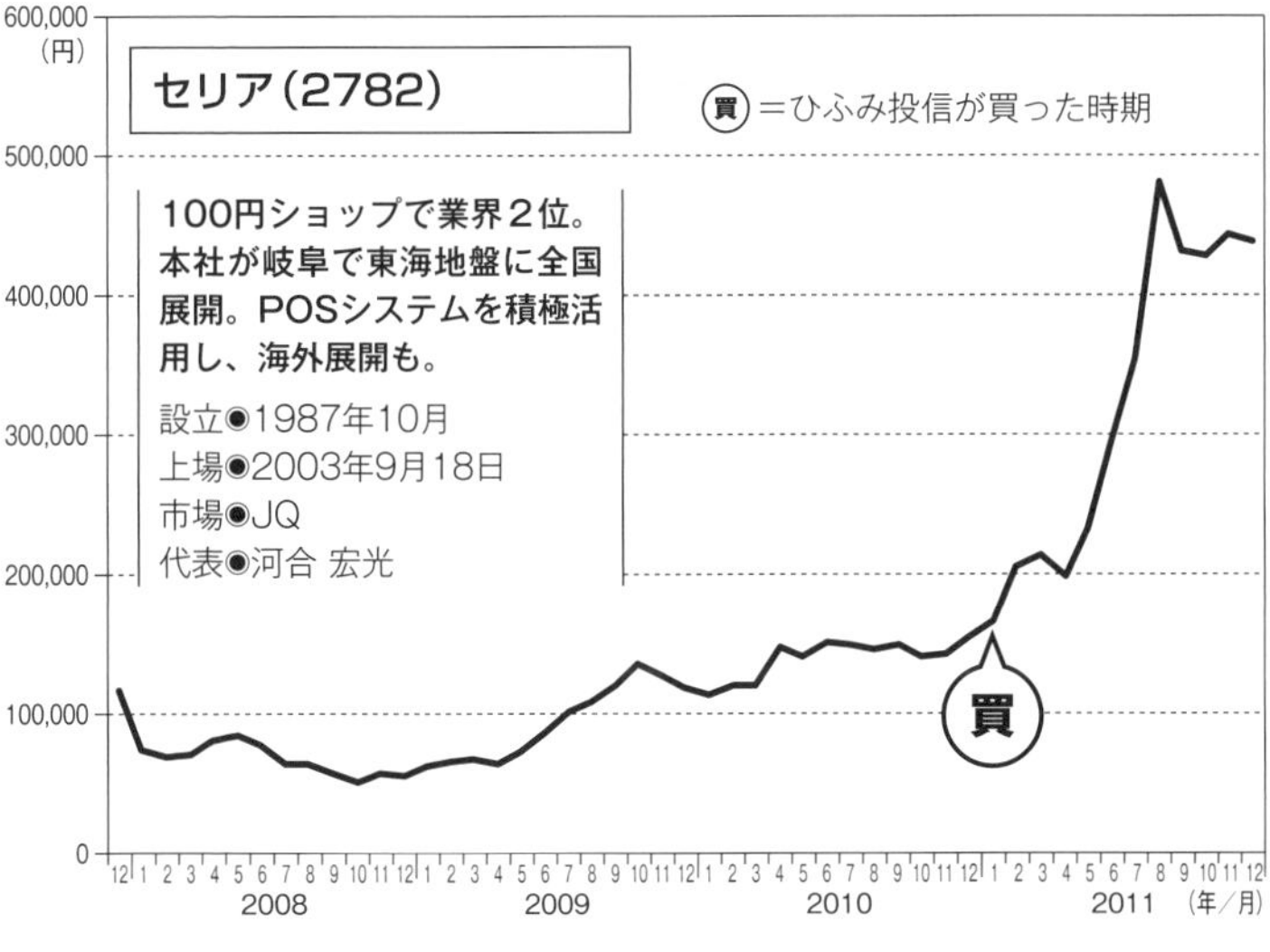
セリア(2782)
買＝ひふみ投信が買った時期
100円ショップで業界2位。本社が岐阜で東海地盤に全国展開。POSシステムを積極活用し、海外展開も。
設立◉1987年10月
上場◉2003年9月18日
市場◉JQ
代表◉河合 宏光
600,000
(円)
500,000
400,000
300,000
200,000
100,000
0
買
2008
2009
2010
2011
(年/月)

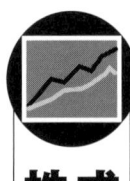

成長株の中には、株価が300倍になった銘柄もある！

もちろん、リーマンショック後の3年間で大化けした成長株はこれだけではありません。次ページの表にそうした事例のほんの一部をまとめました。これらは全て、私がひふみ投信で購入して保有している、もしくは保有していた銘柄ばかりです。

私たちの生活の中でなじみのある会社が多いと思いますが、ここに挙げた成長株に共通するポイントは、**私たちの生活に役立ち、その結果として業績が向上し、株価を数倍もしくはそれ以上に上昇させているということ**です。

つまり、成長株を探すコツは、「世の中を便利で楽しくする企業を探すこと」と言ってもいいでしょう。

そうした企業はすでに今の日本でもたくさん出てきていますし、今後ますます増えてくることでしょう。

また、実は、こうした成長企業は過去20年間にもたくさん出ています。

図1-2　『ひふみ投信』が保有し、株価が上昇した主な銘柄

銘柄名	コード	上昇率	上昇理由
サンリオ	8136	5.3倍	キティちゃん人気が世界的に広がり、キャラクター使用のライセンス料が急増
ディー・エヌ・エー	2432	5.7倍	モバゲーで急成長し、世界展開も視野に
サイバーエージェント	4751	8.3倍	アメーバピグなどネット上のコンテンツ事業が順調
JPホールディングス	2749	4.2倍	日本の保育業界に革命を起こしつつある
あさひ	3333	3.7倍	サイクルベースあさひが、町の自転車屋さんとして定番になる
スタジオアリス	2305	3.0倍	子ども用写真館。豊富な衣装、豊富なサービスメニューなどで人気

※上昇率は2008年10月～2011年8月の3年で各銘柄が大きく上昇した時期の安値から高値までの変化率を計算したもの

図1-3 ヤフーなくして日本のインターネットは語れない

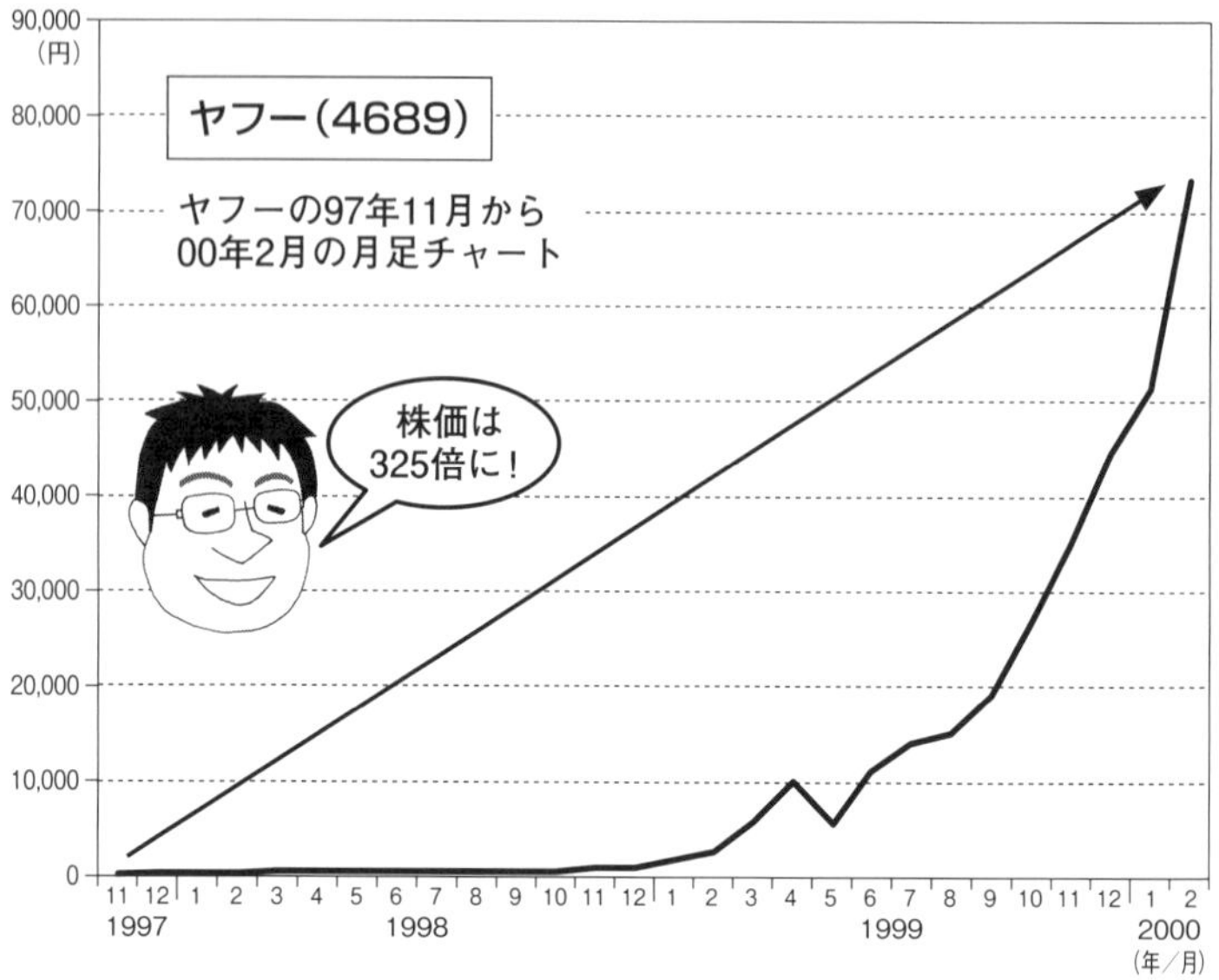

一般的には〝失われた20年〟と言われる1990年以降の20年間ですが、その間に実に多くのイノベーションが企業によってもたらされました。実際に私たちの生活は以前に比べてとても「便利で楽しいもの」になったと思いませんか?

デフレ、就職難、円高などのネガティブなニュースにかき消されてしまっていますが、生活をよく振り返れば、そのことに気づくはずです。

そうした変化に伴って実に多くの成長株が誕生し、私はワクワクしながらそれらを見つけ、投資してきました。

特に1997年にヤフー(468

図1-4　日本のブロードバンドの普及は、この企業があったからこそ

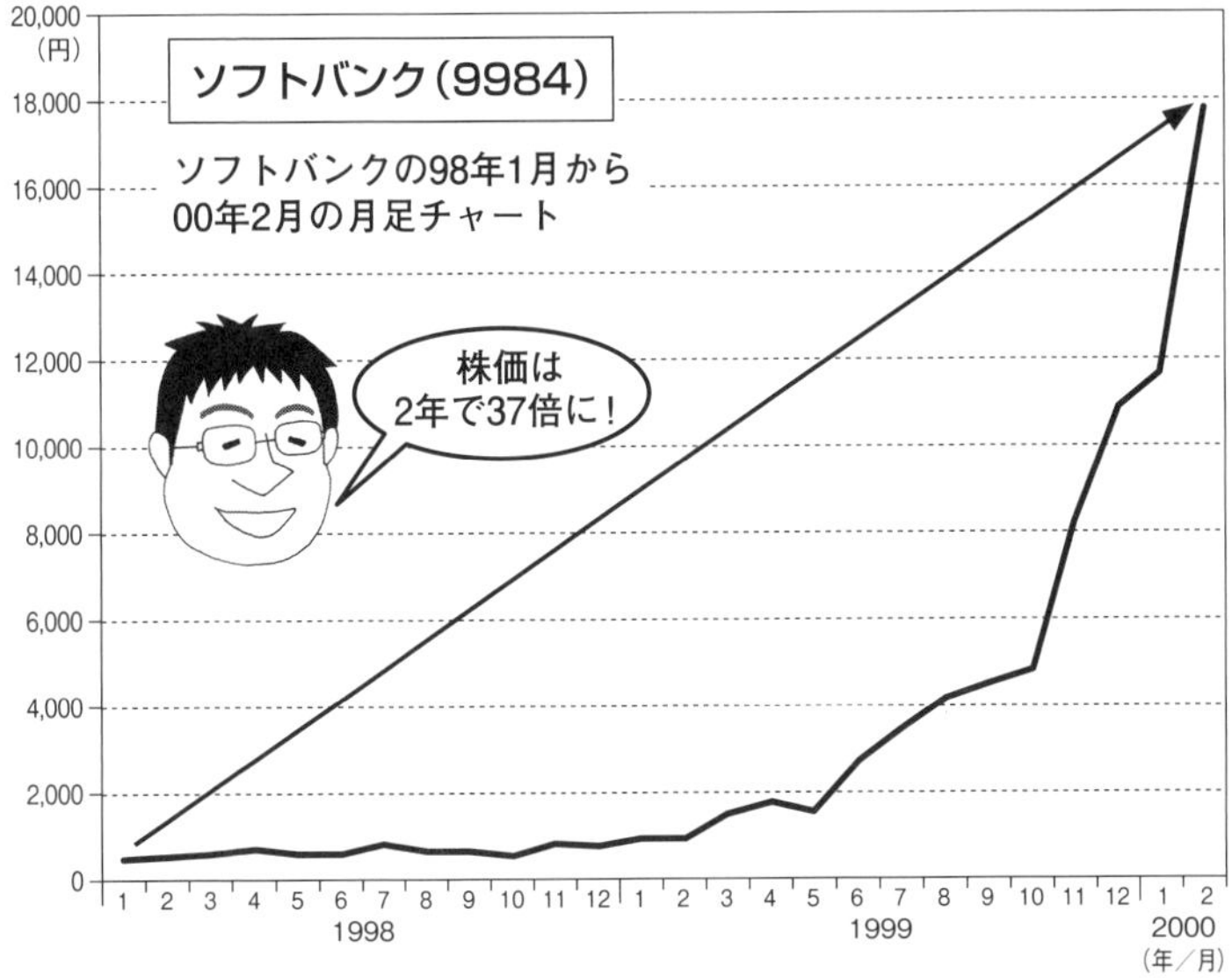

9）が株式公開した時には興奮しました。

当時、私は外資系の運用会社に在籍していたのですが、まだ一部のマニアしかやっていなかった「インターネット」という業界の将来性を確信しつつありました。そしてヤフーは必ずその中心的存在になると考えていたため「この株は絶対に成長する！　投資するなら今だ！」と高ぶる気持ちを抑えながら、上場直後に株を買いました。

その後、ヤフーはなんと300倍以上にも成長したのです！

ほかにもソフトバンク（9984）、

図1-5 楽天のおかげで、ネットショッピングが広がった！

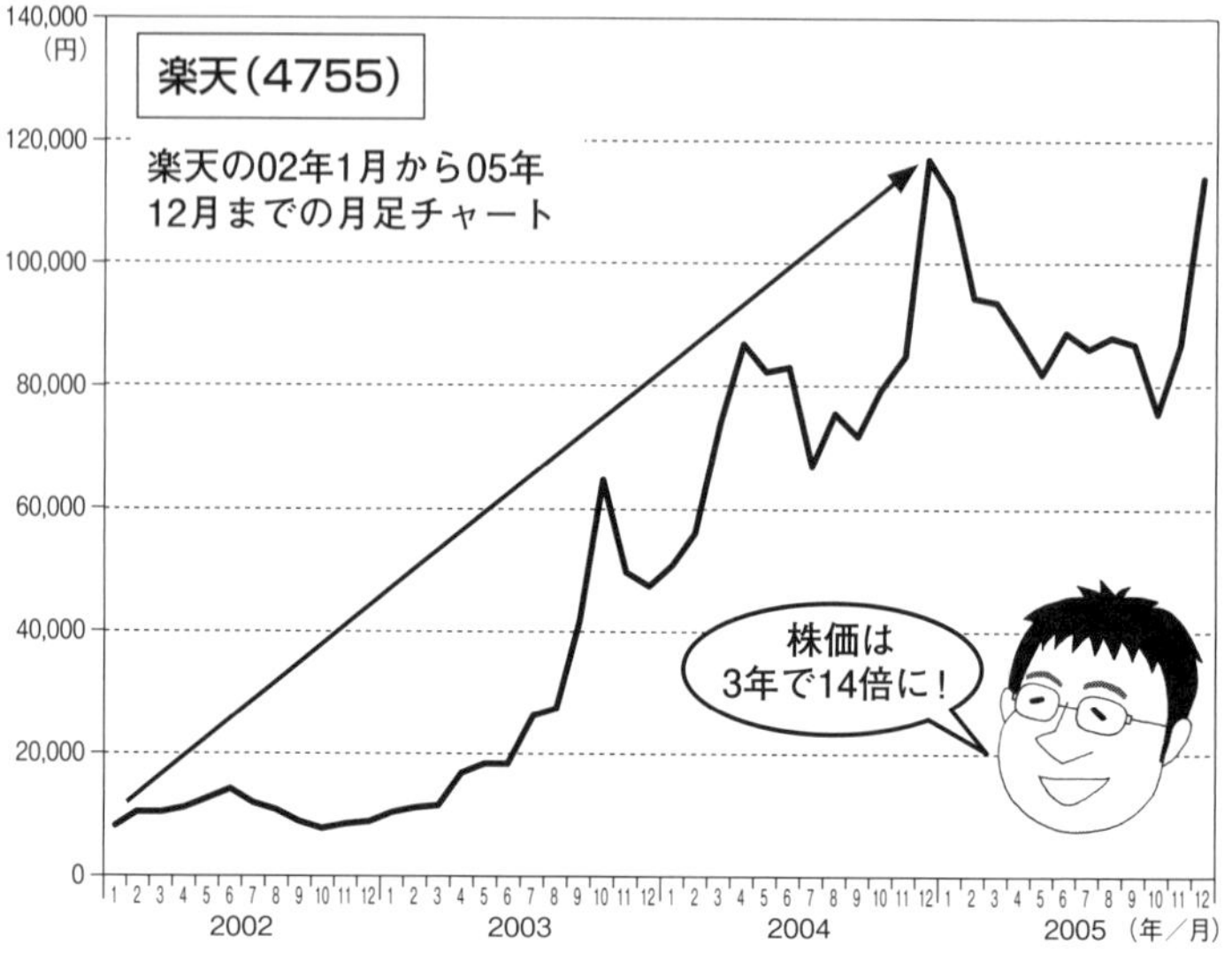

楽天（4755）など、インターネット関連では数多くの成長企業が登場してくれたおかげで、今や私たちの生活は情報を得るのも、買い物をするのも、金融取引をするのも、仕事関係者や友人と連絡を取り合うのもインターネットサービスを利用することが当たり前になり、大変便利で快適になりました。

その恩恵たるや、この本の読者の皆さんが一番よく知っていることだと思います。

そして、それと同時に、これらの企業の株価は何倍、何十倍に成長したのです。

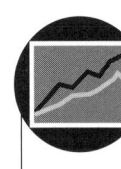

小売り、流通、外食…生活を豊かにしてくれる企業が続出

私たちの生活を便利にしたのはインターネットだけではありません。ここ20年で、流通業や外食業も飛躍的に進化しました。

服も、家具も、雑貨も、品質が良くてデザインが良いものがかなり安く買えるようになりましたし、レストランも「おいしくて安全で安い」ということが当たり前になりました。家電も自動車も一段と機能が高まり、省エネ性能も何倍にも高まりました。

マスコミや経済評論家の人たちが「失われた20年」と悲観論を喧伝している間にも、企業はコツコツと努力を続け、その結果私たちの生活は20年前に比べてはるかに便利で快適になりましたし、世の中にはオシャレでカワイイものがあふれるようになりました。

その証拠に20年前に戻って生活している自分の姿を想像してみて下さい。当時はインターネットも、ケータイもありません。洋服は今より高く品質の悪いものしか買えませんでしたし、家具や家電も、もっと高かったはずです。また、１００円ショップも、今のように明るくて広く、アイデアグッズ満載の楽しい店からは程遠かったのです。

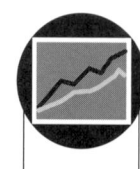

危機を乗り越えてこそ、新しい成長が生まれる

しかし、そうは言っても、やはり日本の将来は心配だと思う人も多いでしょう。

個別ではスター株がたくさん出ていると言っても、株式市場全体は不振が続き、日経平均は低迷から抜け出せないままです。

こうした弱り目の日本に追い打ちをかけるように、２０１１年3月11日には東日本大震災という大変不幸な出来事が起きてしまいました。震災では直接的な被害に加えて、深刻な電力不足、放射能への不安が日本に襲いかかりました。

現在私は被災地の一つである陸前高田市の復興街づくりイベントの副委員長として、委員長であるワタミの創業者、渡邉美樹さんとともに、復興をお手伝いしており、今後は資金面でも協力を考えています。

被災地にはしばしば赴いていますが、現地で目にする大惨事の爪痕というのは本当に悲惨なもので、大変に心が痛む日々を送っています。被災地の1日でも早い復興を心から願わずにはおれません。

また、それと同時に、そんな被災地を訪れて復興に向けた人々のエネルギーを目にするたび、日本経済は必ず復活するという思いを強くしています。

たとえば、陸前高田市で長年きのこを生産してきた、きのこのSATO販売の佐藤博文社長。彼は、足元まで迫る津波で「きのこが全滅する」と思ったそうですが、奇跡的にあと1メートルの所で事無きを得ました。

同社はとても肉厚でおいしいしいたけやきのこを生産しているのですが、今まで地元と都内の高級レストランに販売していてそれで満足をしていました。しかし、この震災をきっかけに今後はもっと拡大をして地元で雇用を増やし、おいしいきのこを日本中に届けると燃えています。

まだ未上場の会社ですが、こういう会社を応援することで結果的に被災地支援の貢献をしていきたいですね。

私が日本株投資の仕事に携わってきたこの22年の間にも、阪神・淡路大震災、米国同時多発テロ、リーマンショック、そして今回の東日本大震災など未曾有と言われる危機に立ち会ってきました。

そして、そのたびに人や社会が危機を乗り越えていく強さも目の当たりにしてきました。

もっと古い歴史を振り返れば、関東大震災や第二次世界大戦など、さまざまな危機に遭うたびに、それをきっかけに新たな発明が起き、日本経済は一段と強くなって蘇ってきたのです。

私たち日本人は今回も、東日本大震災という不幸を乗り越え、必ず新たな成長を生み出していくに違いありません。

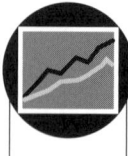

今こそ、日本株に投資しよう！

つまり「今こそ成長株を見つけ、それに投資すべきだ」というのが、この本の主旨ですが、そのことで読者のみなさんは2つのベネフィットを得られることでしょう。

一つは、今、日本株を選んで投資することで中長期的に「とても大きなリターン」が得られる可能性がある、ということです。

「今あまりにも状況が悪過ぎて、そんなこと言われてもピンとこない」という人もいるかもしれません。

しかし、冒頭でも述べたように、皆が悲観的になり、株式投資に対する意欲を失っているのだとすれば、その時こそ実は投資の大チャンスなのです。私はいつもそういう考えで、この22年間成果を出してきました。**皆が弱気の時にチャンスを探り、皆が強気になったら逆に警戒する。それこそ投資で勝ち続ける極意なのです。**


そしてもう一つのベネフィットは、今私たちが自分たちの貯蓄を株式投資に回すことで、それが日本企業の活動を助けることになり、日本経済の復活へのサポート、さらに巡り巡って自分の生活が豊かになる、ということです。

投資をするということは、その企業を応援するということでもあります。企業は株価を上げることで存在感や信用力を高め、資金調達や事業展開を進めやすくなるからです。そして、企業が世の中に役立つことを行ない、その結果としてお金を稼げば、それは配当や株価上昇というリターンとなって投資家に返ってきます。

海外へ投資するのはかまいません。しかし日本人として、日本で生活し続ける限り、自分の資金のいくばくかは、自分の生活を豊かに、さらに便利にしてくれるための資金に回していくほうが、納得できると思いませんか？

一度正しい考え方を身につけ、多少経験を積んで慣れていけば、株式投資ほど楽しいものはありません。株を通じて世の中で起きているさまざまな出来事を生き生きと感じることができますし、とても勉強になり、人間として成長していくこともできます。

次章からは、そんな「楽しくて勉強になり、世の中のためにもなり、しかも資産も増やせる」という株式投資に皆さまをご案内すべく、具体事例をたくさん挙げながら語っていきたいと思います。

2章

「インデックス投資」は危険！日経平均は、もう死んでいる

株価指数が下落しても、上昇銘柄はたくさんある

まず、皆さんにクイズを出したいと思います。

２００１年９月末（28日）の日経平均株価は９７７５円でした。その10年後、２０１１年９月末の株価は８７００円。この間、日本の全上場企業のうち株価が上昇した企業は何％あるでしょうか。

日経平均が10年で１０００円以上も下落しているわけですから、上昇している銘柄はほとんどないと思われる方が多いのではないでしょうか。私がこのような質問をすると、10％とか20％という答えの人が多く、高い人でも30％という答えでした。

正解は、なんと57％です。

上昇したのは２６１８社中１４９３社と半分以上もの銘柄が上昇していたのです。これは、驚くべき数字ではないでしょうか。

このデータをもう少し詳しく分析してみると、さらに面白いことがわかります。２００１年９月の時点での時価総額で、３０００億円以上の大型株と、３０００億円未満の中小

図2-1 この10年で57%の銘柄が上昇した！

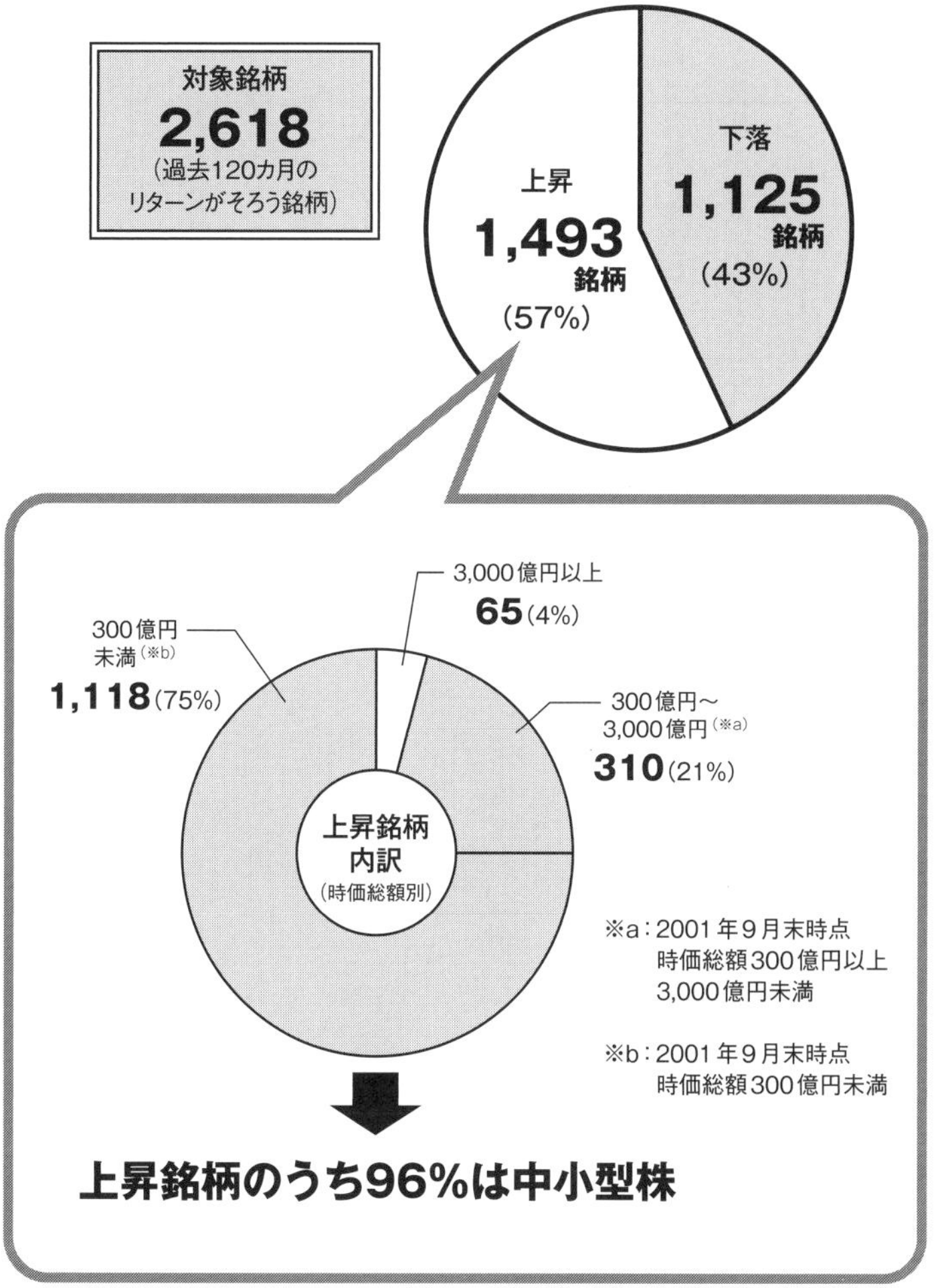

（大和CMのデータをもとにレオス・キャピタルワークス作成）

型株に分けて計算すると、上昇した1493社のうち中小型株が96％を占めているということです（図2－1参照）。カテゴリー別に上昇銘柄の割合をみると、大型株で上昇した銘柄の割合は44％、中小型株で上昇した銘柄の割合は58％となっています。

つまり、**中小型株に投資していれば、コインやルーレットなどで銘柄選択しても上昇した確率が高かったということ**です。きちんと銘柄選別すれば、さらに高いパフォーマンスが得られたというわけです。

一方、大型株のパフォーマンスは目を覆うものがあります。

日経平均は日本を代表する大企業225社の株価平均であり、ざっくり言って全上場企業の上位10％の企業でほぼ占められています。TOPIXは全銘柄の加重平均ですが時価総額の大きな大型株の値動きに支配的な影響を受けます。

つまり、私たちが普段ニュースなどで目にしている日本の株価指数というのは、**大型株の値動きによって左右される指数であり、これらの株価指数が低迷している原因は、ひとえに大型株の不振によるところが大きいのです**。

そうしたことから、日本の上場企業の半分以上は上昇しているのに、株価指数は大きく下落してしまう、という現象が起きているわけです。このことから日経平均株価やTOPIXを見ているだけでは、相場全体のことがわからないと言えます。

日本株のインデックス投資は過去20年報われていない

以上のデータからつくづく感じられることは、**本当にインデックスの投資信託を積み立てる投資でいいのか、ということです。**

この投資戦略は今非常に広まっていて、機関投資家の株式運用のほとんどがインデックス運用かそれに近いものです。また、今書店の資産運用関連の棚に行くと、その多くはインデックス運用を勧める本が占めていて、この投資戦略はここ数年で個人投資家の間にもかなり浸透してきています。

しかし、**少なくとも日本株のインデックスにおいては、過去3年をとっても、過去10年をとっても、過去20年をとっても報われていません。**

今後10年も報われないと断じることはできませんが、私がこの本で勧める、良い銘柄を見極めて行なう『厳選アクティブ投資』に比べると、遥かに惨めなパフォーマンスしかもたらさないだろう、と私は思っています。

なぜかというと、日本経済は成熟化し、全体として右肩上がりという時代ではなくなっているからです。

ただし、**日本株に投資のチャンスが無いと言っているわけではありません。むしろその逆です**。

厳しい10年、あるいは20年を経て、多くの日本企業は体質を磨き、品質を磨き、サービスを磨いてきました。その結果、新たな成長軌道に乗ってきている企業がたくさん出てきていますし、今後その傾向はより鮮明になるでしょう。その結果、日本企業全体で見ると、非常に投資対象として魅力的な企業が増えています。

しかし、それがTOPIXや日経平均などの上昇に結びつきづらい状況が生じています。もちろん、TOPIXや日経平均は20年も低迷が続いたわけですし、全体的に良い企業がたくさん出てくるのであれば、今後10年は株価指数もある程度回復する可能性もあると思います。

しかし、「すごく成長企業がたくさん出てきたのに、その割に株価指数はあまり上がらなかった」という結果になる可能性が高いのではないでしょうか。

それは、大企業の中に腐敗や劣化が進む企業が多く残っており、これらの企業の株価が株価指数の足を引っ張っていますし、今後も当面は足を引っ張り続けることが予想されるからです。そうしたことは、この数年では日本航空、東京電力、オリンパスなどの凋落という形で表れてきましたし、今後もこうした傾向が続くでしょう。

インデックス投資をするということは、その資金の多くを、競争力を失った大企業の株に注ぐということを意味します。

私は日々多くの企業の実態に触れていますが、そうした経験の中で、「今インデックス投資するのは、本当にもったいないな」と思っています。

こうした投資は、自分の資産運用のパフォーマンスを落とすだけでなく、応援すべきでない企業を応援してしまうということも意味します。

1章でも述べたように、株を買うということは、その企業に力を与えることにもなります。株価が上昇して時価総額が増加すれば、信用力も高まり、新規調達や事業展開しやすくなるからです。そうした意味で、誤った方向性に進んでいる企業を応援することは、自己資金を失うだけでなく、社会的な損失にもつながります。ですから、やや過激な言い方かもしれませんが、今の日本においてインデックス投資をすることは投資家として罪な行為だとさえ言えると思います。

なぜ、インデックス投資ばかりがもてはやされるのか

では、どうして現在、インデックス投資がこれだけもてはやされる状況になっているのでしょうか。書店にあふれているインデックス運用を勧める本では、いくつかのデータや理論を裏付けにし、自信満々でインデックス投資の優位性が語られています。

その主な根拠は3つです。

1つ目の根拠は、過去数十年の米国や日本の投資信託のデータにおいて、インデックス投信の成績が概ねアクティブ投信の成績を上回っているということです。

2つ目の根拠は、インデックス投信のコストが、アクティブ投信のコストに比べてかなり安く、時間がたつほどその累積効果が拡大するというものです。

インデックス運用というのは機械的に株価指数に連動するように運用するため、企業リサーチなどにコストを費やすこともなく、銘柄入れ替えなども盛んに行ないません。そのため、運営コストが非常に安いのです。

それに対してアクティブ運用は、企業リサーチにコストを費やし、比較的頻繁に銘柄入れ替えも行うために売買手数料もかさみます。

アクティブ運用の成績の平均を出すと、このコスト負担の多さによってインデックス運用に負けてしまう、というわけです。アクティブ投信では、高いコストを補って余りある成績を上げることが求められているのですが、それが長年のデータを見るかぎり、大半のアクティブ投信はそれができていないのです。

インデックス投資は、本当に「効率的」なのか

そして3つ目の根拠は、「株式市場は効率的であるため、継続的に市場平均を上回る運用パフォーマンスを上げることはできない」ということです。

ここで使った「効率的」という言葉はやや難しい言葉なのですが、株式市場について、そして、資産運用について考える際の重要なキーワードなので、ここで少し詳しく述べたいと思います。

効率的というのは、「各銘柄に適正な価格を付ける機能がある」という意味です。効率性が高いほど、企業に何らかの変化や新たな情報が出てきた時には、それが速やかに株価に織り込まれるということになります。

もし市場が完全に効率的ならば、どんな情報も全て株価に織り込まれているということを意味します。そうなると、アクティブ運用によって市場平均に打ち勝つことは全く不可能だということになります。

アクティブ運用の主な戦略は、「本来の価値よりも割安になっているものを買うことによって、高いパフォーマンスを目指す」という投資です。たとえば、本来10万円の価値はあるという株が5万円で取引されていることを見つけて投資し、それが本来の価格に戻ることを狙うわけです。

しかし、市場が完全に効率的なら、本来10万円の価値がある株が5万円で放置されていることはない、ということになります。つまり、いくら探しても、掘り出し物は見つからないというのが、株式市場は効率的だ、という主張なのです。

これを「効率的市場仮説」といいます。

投資の成績は「努力」や「勉強」にまったく比例しないのか

効率的市場仮説は、株式投資に関する努力を否定する説です。どんなに頑張って勉強し、調査し、分析しても、掘り出し物は見出せないというのですから。そして、アクティブ運用で市場平均を上回る成果が出せたとしてもそれはたまたまである、というのです。

アクティブ運用の成績は図2－2のように分布します。平均値のあたりが一番盛り上がり、そこからプラス方向とマイナス方向に離れるにしたがって分布は低くなってきます。

もう少し正確に言うと、この分布図の山の盛り上がりは、市場平均よりも少しマイナス方向に寄ったところになります。残念ながら、コストの高い分だけ、アクティブ投信の成績がインデックス投信より劣っているというのが現状なのです。この問題については後で詳しく述べたいと思います。

ここで考えていただきたいのは、この分布図の中で、プラス側の先端のあたりに位置し続ける人がいる、ということです。私もその一人であると自負していますが、そうした中の世界で最も有名な投資家はウォーレン・バフェットです。

図2-2 株式投資の運用成績の分布図

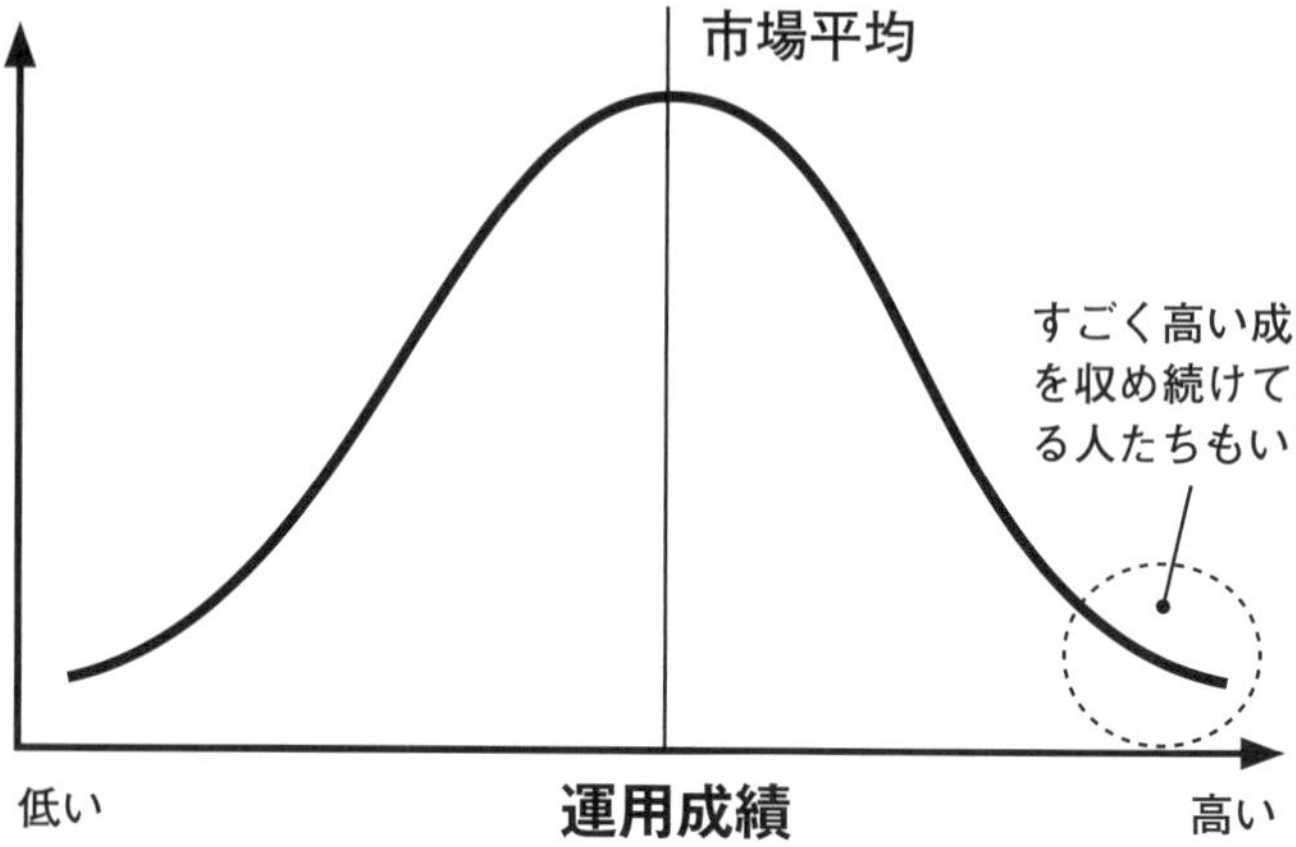
すごく高い成績を収め続けている人たちもいる

バフェットは「超優良企業を激安な株価で買う」というオーソドックスな投資を極め、**50年以上ほぼ全ての年に市場平均を大きく上回る運用成績を挙げ続けました**。その結果、数兆円という個人資産を一代で築き上げました。

バフェットは数多くの企業の決算書を読み込み、企業内容を調べ上げ、徹底的に分析して、激安な株価の超優良企業を探して投資しています。その知性や見識の高さは世界中の投資家のみならず経済関係者からも尊敬されるほどです。

つまり、人並み外れた勉強や研究などの努力が、彼の好成績を支えた最大の要因と言えると思います。

このバフェットのような人が高い投資成

績を上げているのも〝たまたま〟と言えるのでしょうか。

こうした成功者を持ち出して反論すると、効率的市場仮説論者は、「コイン投げで10回連続表を出す確率は1024分の1だが、それでも、1024人がそれを試みれば1人は成功者が出てくる。そして、10回連続表を出す人を見た人たちは彼のことをコイン投げの天才と呼ぶだろう。バフェットの存在もそれと同じだ」などと言います。

はたして、これは本当でしょうか。

もちろん、バフェットに運が良かった面もあるかもしれません。しかし、何の勉強もせずに投資で失敗し続けている投資家と、ウォーレン・バフェットの運用成績の間に大きな差が開いた主な原因は、努力や才能の多寡ではないでしょうか。両者の努力や才能に関係なく、差がついたといえるのでしょうか。

図2－2に示した株式投資の運用成績の分布図のように真ん中が膨らんで両端にいくにしたがって低くなる形を正規分布といいますが、世の中にはこのほかにも、正規分布で示される事柄がたくさんあります。

収入、学業成績、スポーツの成績、音楽の成績などなどは正規分布で示される事柄です。

こうした個人差は皆、偶然生まれるものでしょうか。それとも、努力や才能によって生まれるものでしょうか。

本書の読者の皆さんには、努力や才能、特に努力によるものだと答えていただけることと思います。

努力の大切さを理解しているからこそ、本書も読まれていると思うからです。何の努力をしようとしまいと、生まれる結果は偶然でしかないと信じているのであれば、読書さえしなくなるでしょう。

「アクティブ投信」が「インデックス投信」に負ける理由

しかし、「努力次第でアクティブ運用は優位なものとなる」ということを主張するには、クリアしなければならない重要な問題がまだ一つ横たわっています。

それは先ほども述べたとおり、「株式運用の成績の正規分布の中で、インデックス運用が中心よりややプラスのところに位置する」という問題です。

インデックス運用というのは、単純に市場平均に連動するポートフォリオを保有するだけですから、運用に費やす努力はゼロです。プロが努力を注いでいるはずのアクティブ運用の半分以上が、何も考えない機械的運用に負けてしまうという状況については、どう考えたらいいのでしょうか。

これに関して、私はハッキリ次のように答えることができます。

「アクティブ運用のプロとして、正しい方向で努力している人はほんの一握りしかいない」と。そして、ほんの一握りの「正しい方向で努力しているアクティブ運用マネジャーは、概ね良好な成績を収めている」と。

これに関しては、私自身が生きた事例だと自信を持って言えますし、その他にも成績が優秀な日本株の投資信託は存在しています。

例をあげるとすれば「コモンズ30ファンド」、「結《ゆ》い２１０１《にいいちぜろいち》ファンド」、「ＪＦザ・ジャパン」、「大《だい》和《わ》住銀《すみぎん》日本小型株ファンド」など、数はわずかですがこれらのアクティブ投信は、正しい方向で努力することによって高いパフォーマンスを上げ続けています（これらの具体的な投資信託の紹介は6章に掲載していますのでご参照下さい）。

99%のアクティブ投信がダメな2つの理由

現在、日本の投資信託の商品は非常に残念な状態にあります。大半のアクティブ投信に何らかの問題があり、「アクティブ」としての本来の役割が機能していないものが、ほとんどなのです。

私が見るところ、現在のアクティブ投信の問題点は主に2つあります。

1つ目は、多くのアクティブ投信、特に資金が多い巨大なアクティブ投信ほど、インデックス運用とほとんど変わらない運用になっているということです。

具体的には、アクティブ投信の多くは、TOPIXなどの株価指数を意識しながら、組み入れ銘柄はほとんど株価指数を左右する大型株中心に運用され、インデックス投信とは多少銘柄の組み入れ比率を変えている程度の差しかない運用になっているのです。それでも一応、調査・分析した上で株価指数を超える運用成績を目指しているということでアクティブ投信に分類されます。

しかし、こうしたアクティブ投信は、**実態としては「コストだけ高いインデックス投**

信」になってしまいます。こうしたアクティブ投信が、長期的にインデックス投信の成績に負けてしまうのは仕方ありません。これならば、最初からコストの安いインデックス投信を選択するのが合理的、ということになってしまいます。

アクティブ投信の問題点の２つ目は、販売戦略の都合上、その時々の流行りのテーマで投信の新規設定が行なわれる傾向があるということです。

たとえば、ＩＴバブルの時にはＩＴをテーマにした投信が多く設定され、新興国がブームの時には新興国ビジネスをテーマにした投信が設定され、環境関連がブームの時には環境をテーマにした投信が設定される…という具合です。

投信業界や証券業界では、投資家に投信を頻繁に乗り換えてもらえば、それだけ多くの販売手数料が取れます。そうしたことから、その時々で投資家が食いついてきやすいテーマの投信が新規設定されていくということが昔から行なわれています。

しかし、その時々に人気化しているテーマやそれに関連した銘柄群を組み込んでいくわけですから、どうしてもそれらのファンドは高値で株を仕込むことになりがちです。そしてそのブームが衰えてくると、組み込まれた銘柄の株価も大きく下落する、ということになってしまいます。

皆がインデックス投資に走ると、インデックス投資の有効性は下がる

現状のアクティブ投信にこうした問題点があり、実際に運用成績が思わしくないという状況がある以上、「それならば、単純にインデックス投信を買ったほうがマシだ」という判断が出てくるのも仕方ないのかもしれません。アクティブ運用のファンドマネジャーとしては残念ですが、その点は認めざるをえません。

しかし、インデックス投信にも問題があります。

そのことは本章の冒頭から述べてきましたが、その最大の問題は、今の日本のような成熟した経済では、インデックス投資をすると、自動的にダメな大企業に資金の多くを注ぎ込んでしまうことになる、ということです。

このことに加えて、インデックス投資についてもう一つ指摘しておきたい注意点があります。それは、あまりにもインデックス投資の人気が高まり過ぎると、インデックス投資

そのものの有効性が失われてしまう、ということです。つまり、良い企業、好調な企業がたくさん出てきても、そうした実態ほどには投資パフォーマンスが上がらなくなってくるということです。

「アクティブ運用よりもインデックス投資のほうが有効だ」と主張する大きな根拠は、株式市場の効率性が高いということでしたが、インデックス投資が広まれば広まるほど株式市場の効率性は低下するからです。

これはよく考えれば明らかなことです。

市場の効率性とは、市場の銘柄選別機能と言ってもいいのですが、これは、市場参加者が一所懸命に銘柄を調査分析した結果として発揮されるものです。しかし、皆が何も考えずに株価指数に連動する運用をしだしたらどうなるでしょうか。この場合、当然、市場の銘柄選別機能は低下することになります。

市場平均を買うということは、何も考えず、選別することもなく、時価総額の大きい銘柄はたくさん、時価総額の小さい銘柄は少しだけ買うということです。

こういう状況では、**企業内容が劣化しているのに、時価総額が大きいというだけでその株が買われ続け、株価が維持されるという現象が起きます。**一方、本当はどんどん良い企業内容になっているのに、時価総額が小さいというだけで安い値段に放置されるという現象が起きます。

こうした状態を、「価格と価値がかい離している」と言います。また、効率性が完全な状態に比べると、「マーケットにゆがみが生じている」とも言えるでしょう。

具体的には、本来10万円の価値があるけど5万円になっているとか、本来10万円の価値しかないけど20万円の値段がついている、という状態があちこちで見られる状態、ということです。

現在、プロ投資家も個人投資家も多くがインデックス投資になびいている、いわば「インデックス投資バブル」の状況になっており、その結果マーケットはそこらじゅうにゆがみが生じています。

こうした状態は、**実はアクティブ投資家にとっては非常においしい状況です。かい離やゆがみが大きいほど、儲けのチャンスも大きくなるからです。**

私は日々銘柄選別の作業をする中で、現在の日本株における株式市場がこのような状態になっていることを非常に強く感じています。

市場のゆがみ（＝バブル）はやがて修正されるもの

しかし、株式市場の良い点は、いつまでもこうした「価値と価格のかい離」の状態が続かないということです。ＩＴバブルなどのバブル相場がいつまでも続かず、どこかの時点で大きく修正されることがあるのと同じように。

会社の価値と株価のかい離が大きくなっている場合、何らかの出来事がきっかけで、「この会社はこんなに価値がない」とか、「この会社はこんな安い株価の会社ではない」ということが多くの人の目に明らかになったときに、株価は大きく修正に向かいます。

たとえば、ＪＡＬも、東京電力も、オリンパスも、最終的には株価が大きく下がってしまいました。

一方、時価総額が小さい会社も、頑張って業績を伸ばし続ければ、どこかの時点で株価が大きく上昇します。そして、株価が上がってくれば、やがてアナリストがカバーし始め、プロのファンドマネジャーも投資対象にし始めます。

株式市場が短期的にどんなに非効率的になっていても、中長期的には適正価格に修正されていくのです。

「株式市場は長期的にみれば効率性が高い」という点は、アクティブ投資派もインデックス投資派も、誰もが認める真実といえるでしょう。

ウォーレン・バフェットは、「株式市場は短期的には人気投票の計票マシンだが、長期的には計量機だ」と言っています。株式市場というのは短期的にはその時々の流行りすたりや人気によって左右されるが、長期的には企業価値をきちんと織り込んで動くものだということです。**「株式市場は短期的には非効率的だが、長期的には効率的だ」と言い換えることもできます。**

株式市場は短期的には非常に間違った値段をつけることが多く、10万円の価値のある株を5万円どころか、1万円という値段をつけることさえあります。逆に、10万円の価値の株が100万円の値段をつけてしまうこともあります。

しかし、10万円の価値の株がいつまでも1万円や100万円という株価のまま放置されていることはなく、時間がたつにつれて適正な価格に評価されていく、ということです。

私はこれこそが正しい株式市場の捉え方ではないかと思います。

私自身、探せば掘り出し物銘柄がたくさんあることがわかっているので、日々一所懸命に銘柄を探しているわけですし、それで20年以上高い成績を維持し続けてきたわけです。

そして、特に最近は、すごく掘り出し物銘柄が探しやすくなっているなと感じています。それはつまり、市場が非効率的になっていると感じている、ということでもあります。

大儲けしたいなら、流行の投資法には乗らない

株式投資の世界ではいつも、合理性を持った少数派が大きな利益を得ます。一方、合理性を欠いた多数派が大きな損失を負います。

相場の世界では昔から「人の行く裏に道あり、花の山」という格言が言い伝えられています。これは、皆がなびいてブームになっている投資には実はリスクがあり、皆が目を向けていないものにこそチャンスがある、ということです。

今の日本の株式市場の状況においては、**皆が行く道はインデックス投資であり、その裏にある花の山に通じる道はアクティブ投資ではないかと思います。**

私はインデックス投資を頭ごなしに否定するつもりはありません。高度経済成長期の日本や、現在の中国やインド、ASEAN諸国などの新興国のように、経済全体が右肩上がりの時期には、インデックス投資は合理的かつ有効な戦略だと言えると思います。

しかし、右肩上がりの経済でもない上に、**プロ投資家も個人投資家も含めてあまりにも多くの人たちがインデックス投資になびいている現在の状況では、インデックス投資は有効性が低いどころか、危ない投資にもなりかねないのではないかと思うのです。**そしてそれは、マーケットにあるゆがみをさらに大きくするだけの行為になってしまいます。ある意味でそれはバブルであり、バブルに巻き込まれた投資家の末路にはいつも悲劇が待ちうけているものです。

一方で、アクティブ投資は、今、非常にチャンスが大きくなっていると思います。それは第一に、アクティブ投資が少数派になってしまっていることによります。

しかし、単に「少数派」というだけでは、投資では上手くいきません。少数派に合理性がなければ、単なる負け組になってしまいます。

その点、アクティブ投資は、現在の相場状況から見ても合理的な戦略ですし、投資や株式市場の本質に照らしても合理的な行為といえます。

現在の相場状況から見て合理的だというのは、相場のあちこちに大きなゆがみが生じているので、掘り出し物が探しやすいということです。

効率的市場仮説論者は「道端にお金は落ちてないし、落ちていても誰かがすぐに拾ってしまうから、落ちているお金を探す行為は無駄だ」と言いますが、**今の日本の株式市場は「道端にたくさんお金が落ちていて、しかも、誰も拾わずにそのままになっている状況だ」と言えるのです。**

また、株式投資の本質というのは銘柄選別にあり、株式市場の本質は銘柄の選別機能にあります。投資家が銘柄を選別して、良い銘柄を買い、悪い銘柄を売ることによって、株式市場が選別機能を発揮し、それによって世の中のお金がより有望な企業に巡りやすくなるわけです。

つまり、株式投資家や株式市場は銘柄選別という機能によって、良い企業を応援し、ダメな企業に反省や退出を促すことで、経済や社会の健全な発展に貢献するという点に存在意義があります。そして、そのような経済的・社会的役割を果たした対価として、リターンが得られると言えるのです。そのように考えると、アクティブ投資は株式投資の本質に照らしても合理的な方法だと言えます。

しかも、今のように、銘柄選別をする投資家が少なく、さらに言えば、投資家そのものが少なくなっている状況では、きちんと銘柄選別する投資家の存在はより貴重になりますし、その役目を果たせば、大きなリターンが得られることになります。

しかし、もちろん、アクティブ投資なら何でもいいわけではありません。インデックス投資なら方法は限定されていますが、アクティブ投資の場合にはいくつもの選択肢があります。その中で、どうした投資のやり方が最も合理的なのか。具体的に、銘柄選別はどのようにしていったらいいのか。

次章ではアクティブ投資で成功するための、良い銘柄の見極め方について述べていきましょう。

3章

株価10倍を狙える！日本市場における「超成長株」の選び方

10年、20年と上昇が続き、何倍・何十倍にもなる株

前の章で、「株式市場は短期的には非効率的だが、長期的には効率的だ」と述べました。この本を読んでいる皆さんには、ぜひ「長期で大きく上昇する株」を見つけて購入し、株式投資の楽しさを知って、そして自分の資金がその企業を応援し、世の中を良くする手助けをしているという実感や醍醐味も味わっていただきたいと思っています。

では、具体的にどんな銘柄に投資したらいいのでしょうか。

本章ではその点について考えていきたいと思いますが、**結論から言うと、「超成長株」を狙うべきだと思っています。**

超成長株とは、株価の上昇トレンドが10年、20年と長期的に続き、何倍あるいは何十倍に成長していくような株のことであり、そうした株を表現するために私が作った造語です。

たとえば、左のユニ・チャーム（８１１３）の株価チャートを見て下さい。20年間の株価の動きを示しています。その間にさまざまな経済的危機や景気低迷がありましたが、そ

図3-1　20年間、株価は右肩上がりの超成長株

れらを乗り越えながら、同社の株価は大きな上昇トレンドを続けてきました。

ここでぜひ注目していただきたいのは、バブル崩壊後の「失われた20年」と言われる期間に、同社の株価は上昇トレンドを続けて、10倍近く上昇したという事実です。

では、ユニ・チャームの株は、バブル崩壊後の20年間にどうしてこのような上昇トレンドを続けることができたのでしょうか。

それは、同社がこの20年間に業績を拡大し続けたからです。

売上は約4倍、経常利益は約8倍となり、その結果として株価は10倍近い上昇となったのです。

ユニ・チャームは、かつては、「たかが女性の生理用品をつくっている会社じゃないか」という風に言われることもありましたし、少なくともすごい会社であるというイメージは一般的にはありませんでした。しかし、生理用品は女性が快適に生活し、さらに社会進出するための必需品でもあります。少しでも性能が良く、着け心地がよい生理用品を女性は望んできましたし、同社はコツコツ改善を重ねながらその望みに応えてきました。

ユニ・チャームは、「女性が生活の中で感じる不安や不満を少しでも解消したい」という前社長・高原慶一郎氏の思いから、1963年に、当時はまだめずらしかった生理用ナプキンを製造販売し始めました。その後、吸収機能の高さ、着け心地の良さ、軽さなどを追求してどんどん高機能・高性能を追求するとともに、コスト低減を実施して、高品質・高機能な生理用品を低価格で提供してきました。その結果として、女性の生活の質を高め、女性の社会進出にも大いに貢献しました。

ユニ・チャームはさらに、生理用品分野で培った不織布・吸収体の加工・成形技術を活かし、ベビー、幼児用紙おむつの開発・製造を手掛けるようになりました。紙おむつでもユニ・チャームはコツコツと努力を続け、パンツタイプ、男女別、成長段階別にきめ細か

図3-2 ユニ・チャームはどんどん進化してきた！

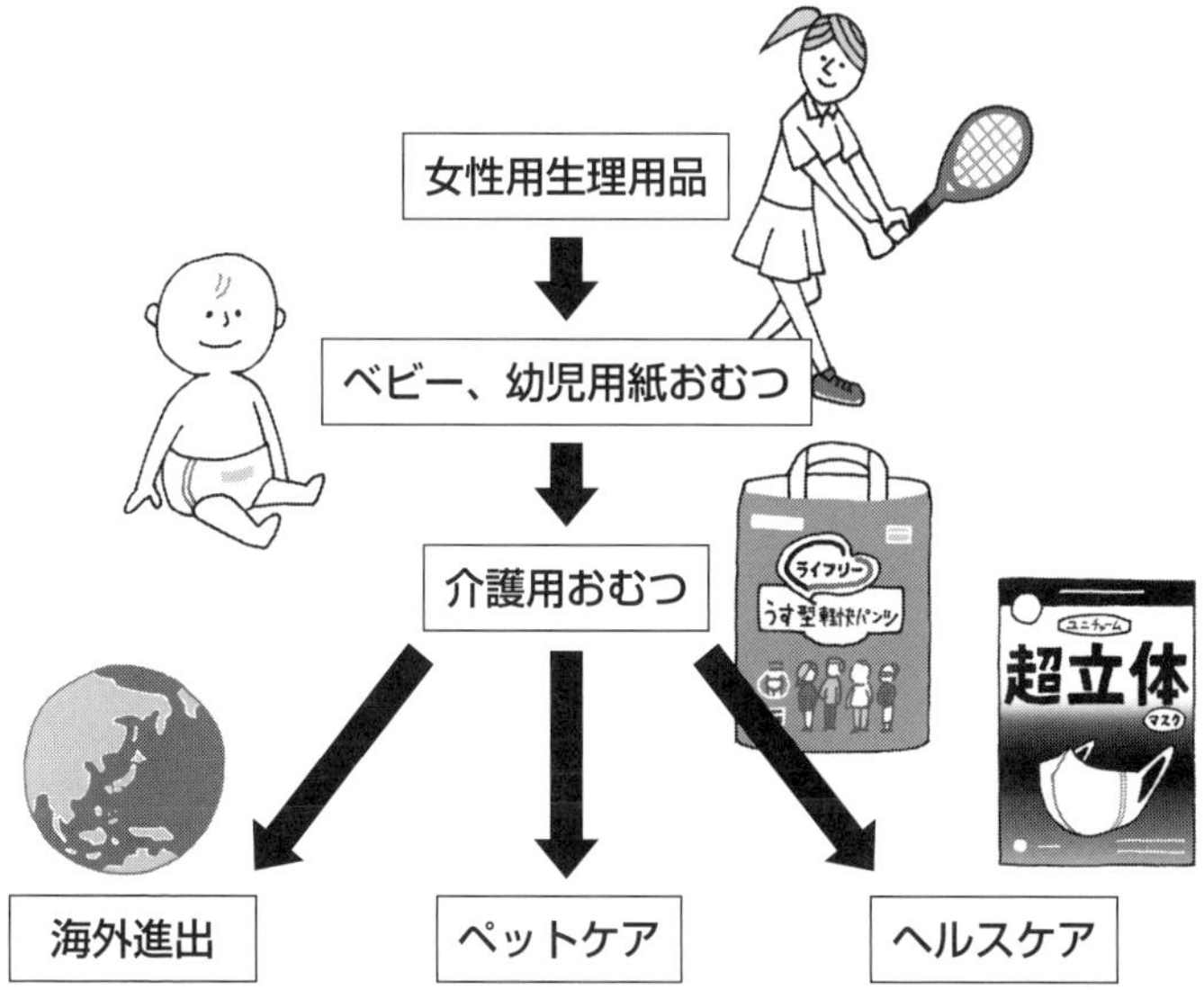

く工夫を重ねていきました。そして、はかせやすい、もれづらい、蒸れづらい、動きまわってもずれない、肌に優しいなど、高い品質を実現し、それを安い値段で提供できるようになりました。こうした高機能・高品質の紙おむつによって、子育ての負担はだいぶ軽減されるようになりました。

さらに、ユニ・チャームは、自社の強みを生かして高齢者用紙パンツ、ペットケア商品などと事業領域を拡大し、各分野で成功していきます。高齢者用紙パンツは高齢者の自立を促し、寝たきり老人を減らすことにも多大な貢献をしていますし、介護者の負担軽減にも大いに役立っています。また、ペットとの生活を楽しむ人たちをユニ・チャームはどれだけ便利にしていることでしょうか。

超成長株を探す5つの法則

では、このような超成長株をどう探したらいいのでしょうか。

ここで私が考える「超成長株を探すための5つの法則」をご紹介したいと思います。この5つに当てはまっている会社こそ、成長株の中でもどんどん業績を伸ばし、株価も上がっていく「超成長株」と言えます。

その法則とは、

①私たちの生活を快適で楽しいものにすることに貢献している
②10年後、20年後にも必要であり続ける
③その会社ならではの強みがある

です。

④進化し続けるＤＮＡがある

⑤高い理想に基づく明確なビジョンがある

今見てきたように、ユニ・チャームという会社は、この５つの特徴を全て備えて長期的上昇トレンドを続けてきた典型的な例です。

ユニ・チャームは今や、女性、子育て世帯、お年寄り、ペット愛好者にとって、快適な生活を送るにはなくてはならない会社になっています。

同社は「女性を生理の苦痛や面倒くささから解放して、快適で活動的な生活を送ってもらいたい」という理念の実現に向けコツコツ企業努力を積み重ねることで、他が追随できない品質やコスト競争力を手にしました。世界的に見ればＰ＆Ｇなどの強力なライバルもいますが、新規参入などはほとんど困難で、少数の勝ち組が急成長する新興国のシェアを分け合うような形になっています。

こうした独自の強みや莫大なマーケットの拡大余地を考えると、ユニ・チャームはさらに10年、20年と輝き続ける可能性さえあるように思われます。

また、ユニ・チャームは女性用生理用品の成功に留まらず、自社の強みを生かして事業領域をどんどん広げていきましたし、中国など新興市場にも、かなり早い段階からリスクを冒して進出して成功しました。こうした姿を考えれば、同社は進化のＤＮＡも十分に持ち合わせている企業といえそうです。

実態の裏付けのない株価上昇は続かない

超成長株の５つの法則のうち、**「私たちの生活を快適で楽しいものにすることに貢献している」というのは、何度強調してもし過ぎということはないくらい重要です。**

少なくとも中長期的に株価を大きく上昇させる企業というのは、何らかの形で私たちの生活を便利にしたり楽しくしたりすることに貢献する企業です。ですから、投資家としては、その企業がどんな風に私たちの生活を便利にしてくれるのか、楽しくしてくれるのか、その点を考えてみることが最も大切です。

株価は短期的には、そうしたファンダメンタルズとは関係なく動くこともあります。時には、仕手化といって、ファンダメンタルズ的な根拠（企業実態に基づく根拠）が薄いままに、マネーゲーム的に売買が盛り上がって株が上昇してしまうこともあります。しかし、こうした株価上昇には持続性がなく、一通り上昇が終わってしまったあとは、悲惨なほど株価が下落してしまうことが多いです。

次ページ図3－3に掲げたのは、02年に大きく株価上昇したS社の株価チャートです。このS社は、映像処理や映像管理の画期的なソフト開発力があるということで、当時ものすごくもてはやされ、金融専門誌が実施した専門家のアンケートでも「02年に期待する企業ランキング」の1位に輝いたほどでした。

私も当然この会社に「どんなすごい会社なんだろう」と関心を寄せて調べたのですが、私たちの生活をどのように便利にする会社なのか、さっぱり見えてきませんでした。社長とも面談しましたが、言っている意味がほとんどわかりません。

私の経験では、良い会社というのは、どのように社会に貢献したいのかビジョンが明確で、社員はもちろん、顧客、投資家にもそれを伝える熱意があるものです。

それは、会社の株主総会や個人投資家向け説明会などでも確認できますし、会社のホームページでも確認することができます。

当時のS社は、イメージ的には、ものすごく高度で画期的なことをしているというメッセージを発しているのですが、どのように画期的で、具体的にどのように私たちの生活を

図3-3　S社の株価チャート

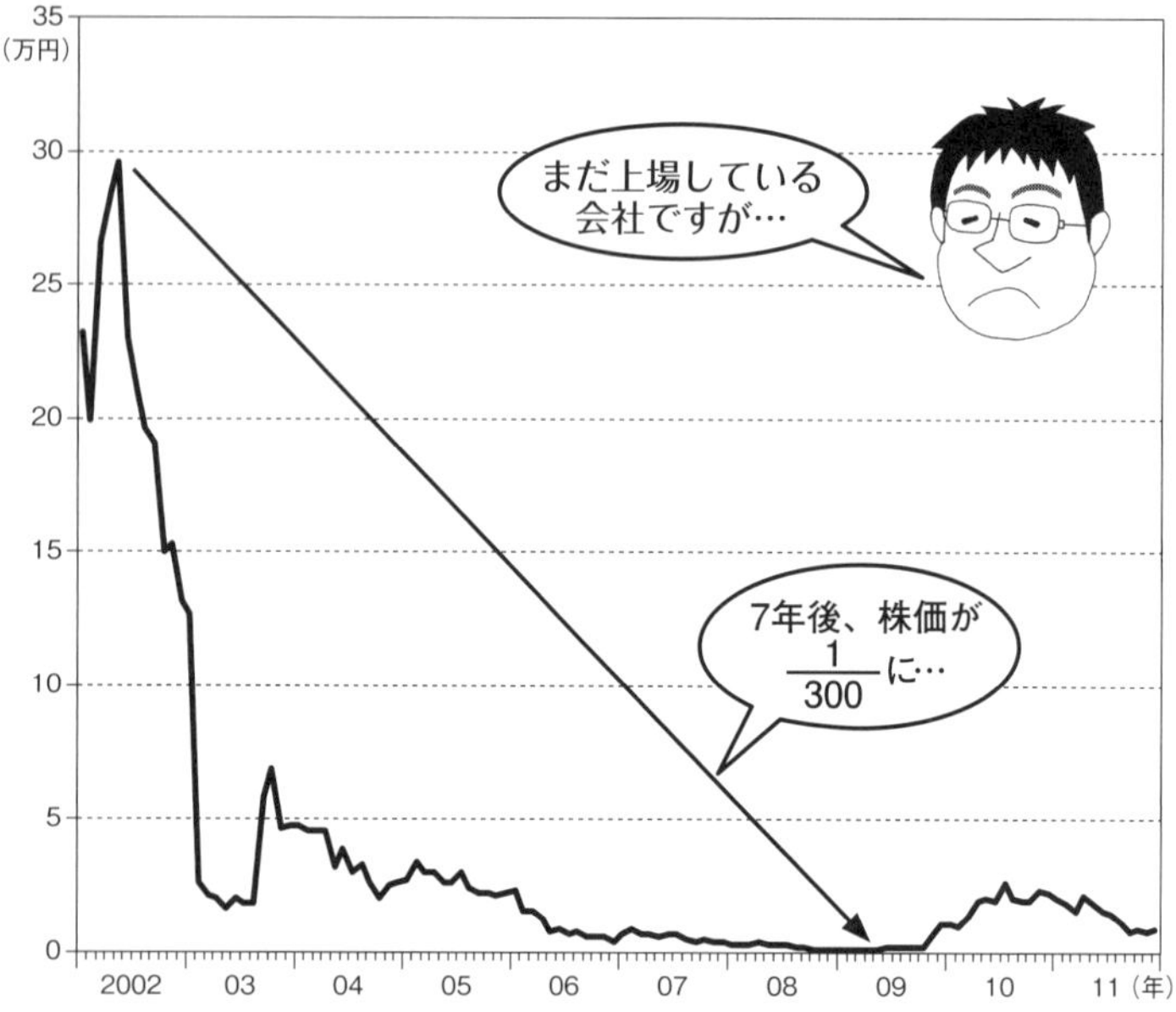

変えたいのかが見えてきませんでした。

うがった見方をすれば、すごい会社だというイメージを作り上げて株価を吊り上げようとしていた感じもします。私は当時、この会社を「期待の会社1位」に挙げている専門家たちの目は節穴じゃないかとさえ感じました。

実際に、その後この会社は業績を拡大させることなく、株価はボロボロに下がっていきます。そして、なんと社長が高値で自社株を大量に売り抜けていたことも判明しました。投資家向けには過剰に期待を持たせることを言い、その裏で大量に株を売るとは、私の経験上最悪のパターンです。

投資家の皆さんには、ぜひとも、経営者や専門家たちが語るイメージに翻弄されず、自分の頭で考えて会社を見極めていただきたいと思います。

その際に、真っ先に考えるべきは、「この会社は私たちの生活にどう役立つのか」という点です。しかも、「この会社は今すごいヒットを飛ばしているけど、来年にはどうなっているかわからないな」という会社ではなくて、「10年後も、20年後も、この会社がないと困るし、より一層発展し続けているだろう」と思えるような企業です。そして、どう調べても、どう考えても、私たちの生活にどう役立っているのかが見えてこない会社は投資対象から外すことです。そうすることで、大きな失敗はだいぶ減らせるはずです。

ブラックボックス的技術・ノウハウの積み重ねが独自の強みを作り出す

今後長く企業として輝き続けるためには、その企業ならではの強みがなければなりません。今儲かっていても、それがその会社独自の強みによるものでなければ、すぐに他社に真似されて、競争が激しくなり、とたんに儲からないビジネスになってしまいます。

ユニ・チャームの例を見てもわかりますが、独自の強みというのは、時間をかけてコツコツ磨きをかけてきたものであり、ブラックボックス的な技術やノウハウの積み重ねによって作り上げられるものです。

それは、単に安くモノを作れるというような類のものではありません。単に安く作れるということであれば、人件費の安い国にどんどん仕事を奪われてしまいますし、価格競争によって最後は利益が出なくなります。その企業の独自の強みとはそういうものではなくて、目に見えない改善や技術革新の積み重ねにより培われたものであり、新規参入者にはとても真似できないようなものです。

そういう意味では、日本には独自の強みを持った企業はたくさんあります。

5章で具体事例を交えて詳しく述べますが、日本人は繊細で緻密で丁寧な作業をコツコツ続けて完成度を高めていくのが得意な民族であり、それが、電機や自動車の部品・機械などに生かされ、依然として世界的に高い競争力を有しています。部品と機械を仕入れて、安い人件費を使って組み立てるという加工業については、新興国に仕事を急速に奪われていますが、その代わりに、それらの国に対して、部品や機械の輸出は増えています。

「かわいい」「おしゃれ」で伸びる日本企業

「かわいい」ものを作り出す能力にも日本人はたけていて、それが独自の強みになっているケースも多くあります。

その典型例はサンリオ（８１３６）です。同社の『ハローキティ』は長年世界で親しまれていますが、時代に合わせて少しずつ改良しながら、おもちゃ、グッズ、服、アミューズメント施設などさまざまな関連ビジネスを開発してきました。さらに、キティちゃん以外にも、ジュエルペット、シュガーバニーズなど人気キャラクターを次々生み出して豊富にそろえ、サンリオショップにいくとかわいいキャラクターやグッズがあふれています。

さらに最近は、キャラクターのライセンス事業に注力しており、この事業が急速に伸びて収益の柱に育ってきています。キャラクターのライセンス事業とは、キャラクターをさまざまな商品やキャンペーンやＣＭなどに使用する権利を与えるビジネスのことです。契約先は高級ブランド品から日常品に至るまであらゆるものに、地域も米国、欧州、アジアなど全世界に広がってきています。最近、サンリオのキャラクターを目にする機会が増え

図3-4 欧米でもキティは大人気！　株価も上昇中

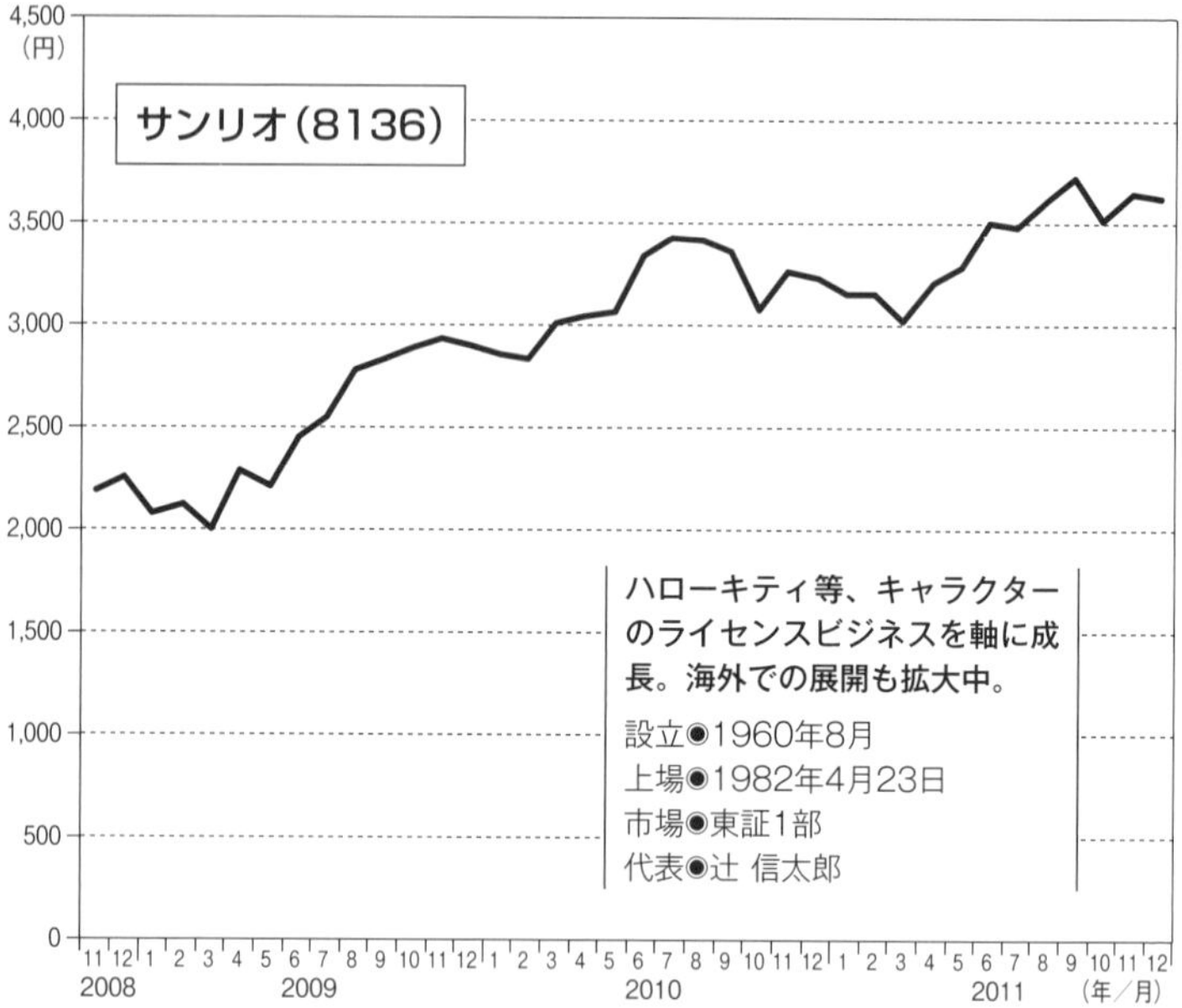

ていることに気づかれている方も多いと思いますが、それはサンリオのライセンス事業が急速に拡大していることが背景にあるのです。

　サンリオ以外にも、任天堂や東映アニメーションなど日本にはかわいいキャラクターを生み出す力のある企業はいくつもあり、マンガやアニメなどを含めて日本の強みと言えると思います。

　また、最近では、日本のファッションがアジアの若い女性に人気になっています。東南アジアや台湾ではもともと日本のファッション誌が売れるなど、日本のファッションに対する関心は高かったのですが、最近は中国や韓国でも若い女性の間で日本のファッションに対する人気が高まっており、2011年5月には日本最大のファッションショーに成長した東京ガールズコレクションが北京で初めて開催されて大成功を収めました。今、ハニーズ（2792）などが中国で売上を伸ばしていますが、今後ファッション分野からも超成長企業が出てくることでしょう。

新製品開発＋海外進出で進化し続けるファーストリテイリング

強いものが生き残るのではなく、変化するものが生き残る――。

これは進化や淘汰の過程で、生物界の中で生き残る種について、進化論のダーウィンが述べたと言われている言葉です。

経済や企業も生き物ですから、世界の変化に沿う形で、あるいは世界の変化をリードする形で変化していく企業こそ、時代を超えて生き残り繁栄していく会社だと言えます。

ユニ・チャームの事例のように、一つの成功事例に留まるのではなくて、自分たちの強みを生かして、世の中の新たなニーズをどんどん捉えて、会社自体を変化させ発展させていくことが、長期的な繁栄のためには必要になります。

この意味で、日本で最も進化や変化の必要性を強く意識している企業の一つはユニクロを展開するファーストリテイリング（9983）でしょう。

同社が1994年に新規上場した直後に、私は広島の本社まで柳井社長に面会しに行きました。その時の印象は、「全身を耳にして人の話を聞く人だな」ということでした。その集中力はこちらに伝わってくるほどで、まるで全身飲み込まれてしまうような感覚を覚えました。1分も無駄にせず、全てのものを吸収し、高速回転で思考を巡らせているのでしょう。受け答えもすばやく的確で、なおかつ大胆で興味深いものでした。

それ以来私は同社に興味を持ち続け、最初のユニクロブームが起こる直前の1998年に同社株を買って、その後数十倍増という株価上昇の中で多大なパフォーマンスを得ることができました。

この柳井社長が当時から口癖のように唱えているのが自己変革という言葉で、「わが社が田舎のいち企業から今日に至るまで生き残れたのは、自己変革を社是としてきたからだ」と言っています。

大企業になった今も自己変革への意欲は変わりません。2011年の年始に柳井社長が世界中の社員に送ったメッセージのタイトルは「CHANGE OR DIE」（自己変革せよ、さもなければ死にゆくのみだ）という強烈なものでした。

柳井社長の目指す自己変革の方向性には、新製品開発と海外進出の2つがあります。

新製品については、今までなかった製品、もしくは、今まであったけど高くて手が出なかったものを安く提供するという考えで、ヒートテック、ブラトップなど次々と斬新な製品を世に送り出して大ヒットさせています。

また、海外進出に関しては失敗を繰り返しながら、軌道に乗り始めています。特にイギリスや中国などの進出に対しては大きな失敗をして苦しみましたが、今では世界の売上上位店の多くを海外店が占めるようになっています。

そして、今後海外展開を本格化するために、英語の社内公用語化を決めましたし、海外と日本との人材交流を活発化させています。

2011年8月期の段階ではまだ、約8200億円の売上のうち国内の売上が6000億円以上という状況です。柳井社長は2020年に、日本1兆円、中国1兆円、その他アジア1兆円、欧米1兆円、その他1兆円、合計5兆円の売上と、アパレル企業として世界1位のポジションを本気で目指すと宣言しています。

目先の利益を追うと、短期間で儲からなくなる

超成長企業の5つ目の法則として挙げた「高い理想に基づく明確なビジョンがある」という点も、企業が長期的に維持・発展していくために必要不可欠なポイントです。

ソフトバンクの孫社長は、「何が世の中に必要とされているのか、何に人々が困っているのか、そこから発想して解決すれば人々も喜ぶ」、「ブロードバンド事業に参入したときもそうだが、『儲かりそうだから』という理由で参入すると、短期間でみんなが入ってきて価格競争が起きる。すると儲からなくなり、結果は息切れすることになる」（『週刊ダイヤモンド』2011年8月6日号）と、自身の企業経営に対する考えを述べています。

つまり、ソフトバンクは、長い目で見て世の中の役に立つために活動するという長期的視点に基づいて活動してきたからこそ、他がなかなか真似できないような高収益企業になれたということです。ブロードバンドサービスのヤフーBBを展開する時にも、業界の巨人であるNTTグループに立ち向かう無謀な行為であり、失敗して経営危機に陥る可能性を指摘されながらも、「これは将来の日本に必要だ」という信念で社運をかけて推進した

のでした。その結果として、ソフトバンクは通信業界の中で確固たる地位を築け、日本もブロードバンド先進国に生まれ変わることができたのです。

このように、世の中の役に立ちたいという思いが、独自の強みを生み出し、変化のＤＮＡをはぐくみ、10年も20年も輝き続けられる企業になりうるのです。

「清貧」ではなく、「清く、豊かに」の両立が大切

もちろん、企業の存続のためには利益が必要です。利益がたくさん稼げるからこそ、従業員にも、取引先にも、株主にも報いることができるのです。必要な研究開発費や設備投資を行い、さらに良い製品・サービスを生み出すためにも利益は必要です。

いくらカッコイイことを言っても、利益を挙げられないのであれば、社員への給与支払いも十分にできなくなり、より良い製品・サービス開発をする余裕もなくなります。

短期的にみると、社会性と利益を両立させるのは難しい面もあります。しかし、それをコツコツ努力して成り立たせることで、その会社の独自の強みが生み出されていくのです。

これこそが、企業の目指すべき道だと思います。

社会性と利益を両立させ、好循環させることについては、私は「清く、豊かに」というスローガンを提唱し、この考え方を『金のなる木は清い土で育つ―清豊の思想』（経済界刊）という本でも書きました。

たとえば、非常によい製品を開発し、それをぜひ多くの人に利用してもらいたいと、買いやすい価格を設定したとします。そうしたら、後は、材料、生産プロセス、流通などあらゆる面を見直して、徹底的に効率化し、それでも十分に利益が挙げられ、仕入先にも十分な支払いができるようにするのです。そのハードルが高ければ高いほど、そのビジネスモデルを完成させるための苦労は多く時間もかかりますが、一度それが築かれれば、それによる「独自の強み」は強固なものとなります。

「安くて良い家具で日本人を豊かに」の思いで40年伸び続けるニトリ

日本で家具の価格破壊を起こしたニトリ（９８４３）はその典型的な事例です。

同社は、CMで耳にする「お、ねだん以上」のキャッチフレーズに示されるように、安さと品質の両方を追求している企業です。店舗に行ったことのある人ならわかると思いますが、圧倒的な価格の安さだけでなく、品質と機能の高さにも驚かされます。

ニトリは、こうした他社の追随できない価格・品質を実現して上場以来株価を約15倍にしているすごい会社で、私も同社株を20年来投資対象として大きなリターンを得ています。また、「ひふみ投信」で最も長く保有し続けている株の一つでもあります。

しかし、似鳥昭雄社長が北海道で創業した当時は非常に苦労したそうです。奥さんの内助の功もあり、1号店が徐々に軌道にのって2号店を出店した1973年にアメリカに視察に行った時のことです。似鳥社長はアメリカと日本の家具事情のあまりに大きな違いを見せつけられて衝撃を受けました。

家具の価格が日本の3分の1程度であることに加え、商品が使う人の視点で作られている点にも驚いたといいます。似鳥社長は、日本はアメリカに数十年遅れていると感じて、これをきっかけに、「より高品質・高機能の家具をアメリカ並みに安い値段で実現し、日本人のために豊かな暮らしを提供したい」と決意します。この目標・理念が決まってからは、似鳥社長は一段と懸命に働くようになり、どんなハードワークでも大変に思わなくなったそうです。

図3-5 デフレでも売上1兆円を目指し、快進撃

そして、そこから40年かけて、今のようにアジアで自社工場を持ち、自ら企画・デザインして、圧倒的な低価格で家具を提供する家具チェーン店を全国展開するという夢を実現しました。

安さを実現するために、人件費が中国のさらに数分の1というベトナムにいち早く進出しましたが、当時は治安も悪く、工場として機能するまでに大変な苦労をしたそうです。ひとつひとつ対策を打ち、改善を重ねて、今では同社を支える主力の工場に成長しています。

商品に関しても、リクライニングチェアや耐震装置付き家具ボードなど独自の人気商品を次々生み出してヒットさせ、品質や商品力という点でも、ニトリは確

固たる地位を築いています。

このようにニトリは40年かけて国内で圧倒的な家具チェーンとなりましたが、今後一段と国内での店舗網を充実させ、海外進出も進めて、2022年には売上1兆円を目指しています。

あえて、困難に挑戦し、そこから独自の強みと持続性を生み出す

このように見てくると、「こうなったら、皆さぞ喜ぶだろう。だけど、ハードルはものすごく高い」ということに、果敢にチャレンジし、コツコツ努力を積み重ねて実現していくというところに、独自の強みが生み出されるのだということがわかります。そうした企業の取り組みこそ応援すべきですし、投資すべきです。

ワタミ（7522）もそうした会社の一つだと思います。

創業者の渡邉美樹さんとは、同社が上場した時に会社訪問して以来のお付き合いですが、その当時から本当にピュアで、こうと決めたことを一貫して貫き通す人です。

15年前に初めて面会した時、「渡邉さんの夢はなんですか」と質問したのですが、「将来教育に携わりたい。日本の一番の問題は教育だから、私はそれをどうにかしたい」という答えでした。意外な答えに驚きましたが、そのあと教育について語り合い、渡邉さんの考えにとても感動して、私は「その際には、私にもお手伝いさせて下さい」という思いを伝えました。

そして、その10年後、渡邉さんから私に突然電話があり、「郁文館を経営することになったので協力してほしい」と告げられました。なんと、10年間教育への思いを貫き通し、10年前の私との約束も覚えていたのです。私は二つ返事で引き受けました。

渡邉さんのこうした「世の中のためになりたい」という思いは、ワタミの経営姿勢にも色濃く浸透しています。外食が本業である同社が、介護ビジネスに参入したのもその思いからです。きっかけは、渡邉さんが知り合いから依頼されて取り組んでいた病院再建の仕事の中で老人医療や介護のひどい現状を目にして、なんとかしなければと考えたことでした。介護ビジネスの中で外食企業としての強みが生かせるだろうという考えもあり、2005年に買収により老人ホーム事業に乗り出しました。

介護業界にかかわり始めた時に渡邉さんは、2日に1回機械を使ってモノのように扱われながら入浴する老人の姿や、ミキサーにかけたドロドロした状態のミキサー食を口に流し込まれながらまずそうにしている老人たちの姿を見て、涙が出てきたといいます。

また、足が弱ってきた老人が、頑張れば歩けるのに「他の人の足手まといになるから」と言いながら車いすを使い、一段と足が弱っていく様子を見ながら、なんとかできないかと考えたといいます。

そこで渡邉さんは、おむつゼロ、特殊浴ゼロ、経管食（体外から消化器官内に通したチューブを用いて流動食を投与する処置）ゼロ、車いすゼロの4大ゼロを目標にかかげることにしました。多少失敗があってもできるだけ自力で排泄してもらう、お風呂は入浴マシンに身を預けずに毎日ゆったり湯船につかってもらう、食事はチューブから取り込むのではなく、どんな人にもできるだけ常食に近い形で味わって楽しんでもらう、できるだけ車いすに頼らず自分の足で歩いてもらう、という方針で、老人ホーム入居者の生活の質を高めようという狙いからです。

これら全てをそれまでと同じ人数のスタッフで行なうには、一人ひとりのスタッフの負担はものすごく大きなものとなります。そのため、一時は従業員の大量退職という事態も起きました。しかし、一人ひとりが頑張って努力と工夫を重ねて理想を実現する過程で、入居者のお年寄りたちが笑顔を見せることが多くなり、それが励みになって価値観そのものが変わり退職を思いとどまる職員が増えてきました。また、この理念にひかれて入社し

図3-6 2005年から介護事業へ参入したワタミ

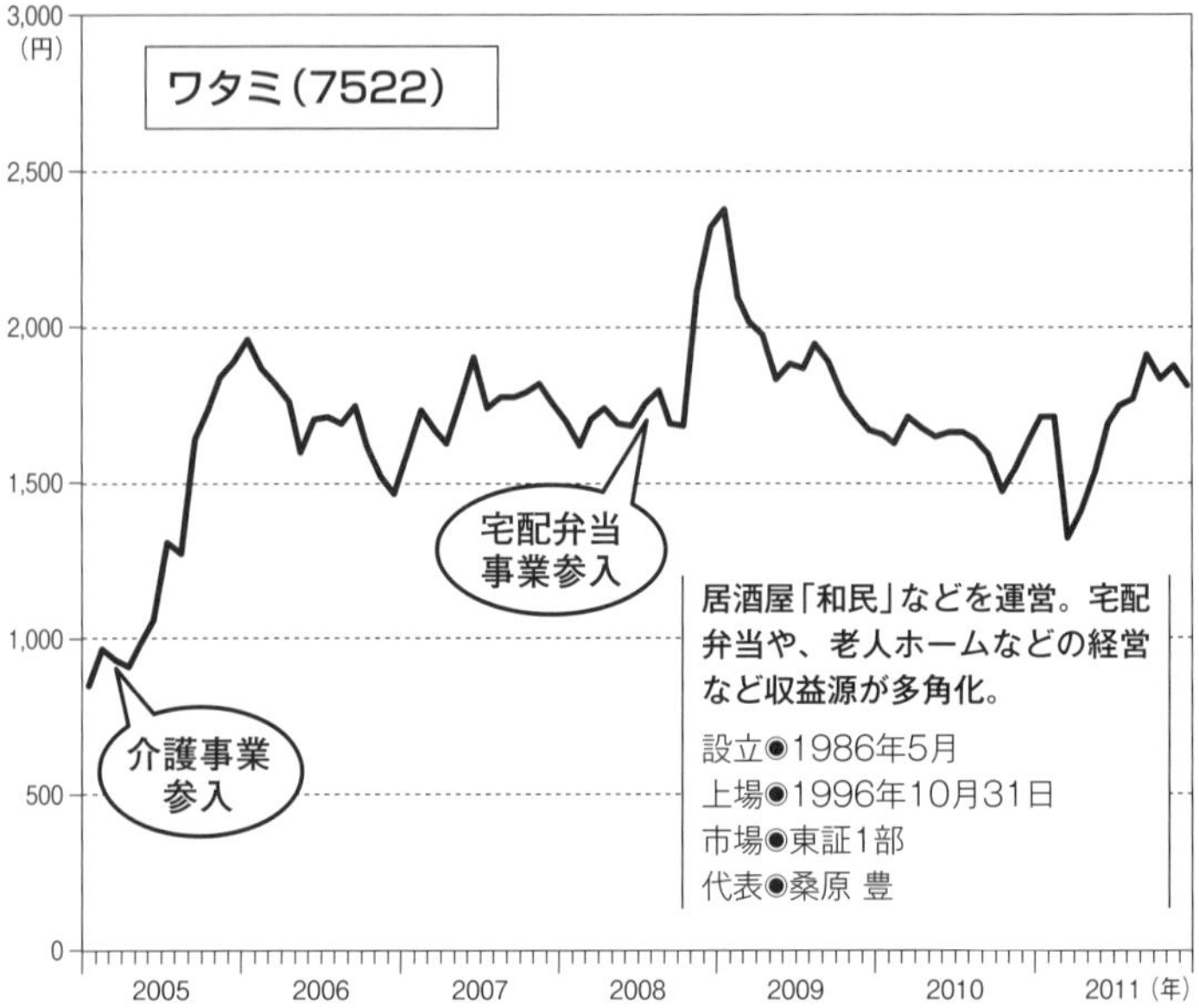

てくる介護スタッフが増えていったといいます。

さまざまな技術・ノウハウ面でのブレイクスルーもありました。たとえば、ソフト食の導入です。これは、一度ミキサーした食事を、味を調えて、形も整えて、常食と変わりなく味わって楽しめる食事です。常食が食べられない人にとっては理想的な食事ですが、この導入を検討したときには常食よりもコストが3倍かかることがわかりました。そのままでは、経営上まったく成り立ちません。しかし、なんとかソフト食を通常メニューの一つに加えたいと、献立、調達、調理などのあらゆるプロセスを徹底的に見直し、コツコツ改良を重ねました。その結果、今ではソフト食はワタミの老人ホームの標準的サービスの一つになっています。これは、他の老人ホームにはできない大変大きな強みの一つになっています。

このワタミの開発したソフト食に対しては業界からの関心も高く、他の病院などからも導入したいとの引きあいが強いそうです。

また、経済的な理由で老人ホームそのものに入居できないというお年寄りもたくさんいます。渡邉さんは、そうしたお年寄りたちの生活の質もなんとか向上させたいと、企業買収によってワタミタクショクというビジネスを始めました。

これはお弁当の宅配なのですが、塩分3グラム以下、熱量500キロカロリー以下を目安として栄養にも配慮したメニューが売り物です。味もおいしく、毎日配達員の人と交わす会話を楽しみにしているというお年寄りも多いそうです。

このビジネスも今急成長、健康に配慮されたうえに割安なため、ダイエットにもよいとして若い世代にも広まっているようです。そして今では、介護や宅配弁当など外食以外の事業が利益の半分以上を稼ぐほどになっています。

このようにワタミは、居酒屋に続いて、介護や宅配弁当、さらにそれらに関連して農業など、次々と各業界に革新を起こして、よりよい社会を作ることに貢献しながら業績を伸ばしています。

これから超成長企業は〝ロックな会社〟がキーワード

企業の理念やビジョンの大切さについて、ソフトバンク、ニトリ、ワタミを例に述べてきました。自分たちの目指すべき方向、理想などが明確だからこそ、困難で複雑な状況に遭遇しても、会社全体が一丸となってなんとか打開して先に進もうという情熱も湧いてきますし、解決の糸口も見つかってきます。これが、さまざまな危機や困難を乗り越えて長年成長し続ける最大の原動力になります。

しかし、企業の理念やビジョンといったもの自体は、今はどの会社でも掲げています。もちろん、理念やビジョンが額に飾られているというだけで、その会社を超成長企業と判断するわけにはいきません。では、超成長企業のビジョンと、そうでない企業のビジョンとは、何が違うのでしょうか。

超成長企業たるビジョンとは、まず、それが非常に強いメッセージ性を発していなければなりません。社員に浸透していることはもちろん、社外的にも、「この会社はこういう会社なんだ」、「こういうことを目指している会社なんだ」とわかるくらいにメッセージが明確で、浸透しているのが理想的です。

最近私がよく言っているスローガンが、「ロックな会社に投資しよう」ということです。

ロックはあの音楽のロックです。

ロックというのは、少し悪ぶっているイメージもありますし、実際にドラッグなどに手を染めて転落してしまうミュージシャンがいることも事実です。

しかし、多くの人がロックに魅力を感じているのは、その自由奔放さ、解放感、エネルギッシュさでしょう。特に、コンサートでのライブ感、一体感は一度味わうと病みつきになります。

つきつめていくと、ロックの魅力とは、ミュージシャンの放つメッセージ性の強さと一体感ではないでしょうか。それは、究極的には、ビートルズの唱えた「LOVE & PEACE」の精神、つまり、みんなで楽しく、幸せになろう。そして、平和な社会をつくろう、という精神につながっていきます。

そうした意味で、**最近世界で大成功している会社は「ロックな会社」が多いように感**

じます。「デザインが洗練されていて、誰にでも快適に利用できるコンピューターを作り、世界を変える」という考えで、iPhoneやiPadなど画期的なデジタル製品を生み出したアップル、「世界をフラットに」という考えで、ソーシャルネットワークサービスで世界中の人々を結びつけようとするフェイスブック、「世界中の知識を整理する」という考えで検索サービスを進化させるグーグルなど、そのメッセージ性はシンプルかつ強力で、そのビジョンを体現させたものとして、非常に洗練され優れたサービス・製品を生み出して、実際に世界中の人々を幸せにしています。

また、ロックな企業というのは、想像力が豊かで、高い創造性を持ち、自立していて、それでいながら他人に対する思いやりもあります。そして、常に、権威的なものに対して反抗的で、旧弊に立ち向かう革新性とエネルギーに富んでいます。

そして、こうしたことの全てを含みつつ、それをシンプルで強力なメッセージとして発していています。だから多くの人に熱狂的に支持されるのです。

かつて超成長企業だったところが、その後衰えてしまうケースもありますが、それはメッセージ性が薄れ、ロックな会社ではなくなってしまったケースがほとんどです。そうした会社が蘇るには、もう一度企業ビジョンを練り直し、明確化し、シンプルで強力なメッセージを世界に放つ必要があります。

図3-7「ロックな会社」とはどんな会社？

強いメッセージ性がある

企業理念や、会社の将来性、社会に対しての想いが明確

一体感がある

社員がプレイヤー。株主、お客様、社員がみんな一体と考える

旧弊に立ち向かう革新性とエネルギーがある

既存の常識を打ち崩せるパワーを持っている

この3つがあるのが「ロックな会社」である

本物のロックミュージシャンが作った、すごく〝ロックな会社〟

今の日本で、私がみたところ一番ロックを感じる会社の一つが、1章でも紹介したスタートトゥデイ（3092）です。

当時33歳と若い前澤友作社長に初めてお会いしたのは、同社が上場した直後に海浜幕張駅近くの本社を訪問した時のことでした。その時の鮮烈な印象は今でも忘れられません。社内に入ったとたんとても明るくセンスの良い雰囲気が漂っていましたが、そこで目に飛び込んできたのは、「NO　WAR（戦争反対）」とスプレーガンで書かれたTシャツでした。東証マザーズ上場時の鐘を鳴らすセレモニーの後、前澤社長は着ていたTシャツを脱いで、スプレーガンで「NO　WAR」と書くパフォーマンスをしたのですが、それを飾っていたのです。

「どうしてNO　WARなんですか」と聞くと、「だって、会社経営する究極の目的は、皆を幸せにして、世界を平和にすることでしょ」とこともなげに言われました。確かにそのとおりです。私もそういう思いはずっと持ち続けてきましたが、これだけストレートで鮮烈な表現の仕方に私は衝撃を受けました。

実は、前澤友作社長はかつて、メジャーデビューしてCDも何枚か発売して活躍していたロックミュージシャンでした。その時代、前澤社長はロックミュージシャンとして世界中を飛び回る中、趣味で音楽CDを買い集めていたのですが、それが欲しいという希望者が増えてきたために、音楽活動と並行する形でそれを商売にし始めます。しかし、その商売は思ったよりも繁盛して規模が大きくなり、2001年には音楽活動を断念して事業に専念することになりました。

やがて商売の軸足をファッションに移して、さらに事業規模が拡大していくのですが、会社の規模がある程度大きくなってきたときに、全社的に方向性を合わせるために企業ビジョンを決める必要性を感じ、そこで前澤社長が打ち出したのが「世界中をかっこよく、世界中を平和に」です。世界中の人がファッションを通じてカッコよくなる手伝いをすることで、世界中が幸せで平和になれることを目指す、という意味です。前澤社長は、自身の生き方、会社のありかたなどをとことん考えた末、このビジョンしかなかったと言います。

前澤社長の言うカッコよさというのは、ファッションだけのことではありません。彼は、「カッコイイ人」について、さまざまなことに想像力を働かせ、創造性を発揮して、ギブ・アンド・テイクの精神で、世界に良い影響を与える人と定義しています。そして、そういう人たちの集う場所ということで、自社の運営サイトを「ＺＯＺＯＲＥＳＯＲＴ」、その中核となる通販サイトを「ＺＯＺＯＴＯＷＮ《ゾゾタウン》」と名付けました。ＺＯＺＯとは、創造と想像の意味を込めています。

前澤社長は、ファッションをそうした人間性の表現、人とのコミュニケーションの重要な手段と位置付けて、目先的に儲かる服ではなくて、本当に自分が好きな服、お客さんに着てもらいたい服を売ろうという方針を明確にしています。

そして、その大好きな服の良さを利用者に伝え、効率良く丁寧にデリバリーするために、サイトだけでなく、倉庫、検品、配送など全ての業務を自分たちの手で一から構築しました。あくまでも、ファッション好きな人たちが、ファッションを手軽に思い切り楽しむためにどうしたらいいかという発想で、既存のシステムに頼るのではなくて、自分たちの手で一から丁寧に作り上げたのです。まさにロックな精神そのものです。

こうして作り上げられたＺＯＺＯＴＯＷＮはとてもセンスが良くて機能的にも出来栄えの良いものでした。それを評価して、ユナイテッドアローズ、ＳＨＩＰＳ、ＢＥＡＭＳなど有名な大手ブランドが次々とＺＯＺＯＴＯＷＮへの出店を決めます。

ＺＯＺＯＴＯＷＮの強みは、それだけでなく、裏原ブランド（原宿の路地などに人知れず出店している高感度なブランド）など、ファッションに高感度な若者たちから絶大な支

図3-8　株式分割も２回、成長し続ける「ロックな」企業

持を集めるブランドの多くを集結させていることです。

これらの高感度なブランドは従来、ほとんどが自分の店で売ることにこだわり、どんなに要請されても百貨店への出店やネット販売を拒否続けてきたブランドばかりですが、同社サイトのセンスの良さと同社社員の熱心な口説きによって次々ＺＯＺＯＴＯＷＮに出店していったのです。スタートトゥデイの社員は、自分が心底好きなブランドにアプローチしているために、サイトデザインや売り方などに関して熱心に提案し、場合によ

っては5年以上も通い続けて口説き落としているのです。

このように、「ファッションが心底好きだ」という社員たちの気持ちを原動力に、10年近くコツコツ地道な努力を続けてきた結果、ＺＯＺＯＴＯＷＮは国内のファッション通販サイトとしては圧倒的なポジションを築いています。それも、同社の社員のファッションに対する狂信的ともいえる情熱のたまものです。

最近はアジアでの日本のファッションの人気が高まっており、同社の扱っているブランドはアジアからも高い関心を寄せられているために、同社は海外向けにサイトも開設しました。さらに、中国や韓国の現地企業と提携して、両国での展開も本格化したところです。同社は将来的には、日本の高感度ファッションの世界への発信サイトになっていく可能性もあります。

危機や挫折を乗り越えた経験がある会社はパワフルで「買い」

その企業のビジョンが本物かどうか、強さが本物かどうかを判断する重要な材料の一つに「危機や挫折を乗り越えた経験」があります。

人間は危機や挫折を乗り越えて強くなるものです。企業も同じで、「危機や挫折を乗り越えた経験」によって、その企業は本物のビジョンや強さを手に入れることが多々あります。

自転車チェーン「サイクルベースあさひ」を運営するあさひ（3333）の下田進社長は1970年、24歳で商売を始めた時に、3年間全く売れずに苦悩の日々を送りました。このころ下田社長は親から受け継いだおもちゃ屋さんを経営していたのですが、当時は大手スーパーなどが全国に拡大している時でもあり、そのあおりも受けていました。1日中客がこない日もあり、以前なじみだったお客さんが、別の店の袋を隠しながら店の前を通る姿を見て、「お客さんにまでいやな思いをさせてしまっている」と涙が出たそうです。

そうした3年間を経て、考え抜いた結果自転車屋さんに転向し、その後徹底的に「お客様第一主義」を貫いて成功していきます。

「お客様第一主義」というのはどの会社も言うのですが、下田社長は徹底していました。誰にでも明るくあいさつし、空気入れから修理まで即座に丁寧に対応し、自転車に乗れないという男の子がいたら一所懸命教えてあげるという風に、目先の利益は度外視して、とにかくお客様に喜んでもらいたいという一心で一所懸命やるのです。その結果、その店の

図3-9 あさひ(3333)のチャート

人気が高まっていきました。

下田社長の徹底した「お客様第一主義」は、まったく売れなかった3年間に原点があります。その3年間があったので、お客様に喜ばれることが、自分にとってこの上ない喜びになったそうです。

サイクルベースあさひを利用した人も多いと思いますが、自転車の種類の豊富さ、安さだけでなく、店員の商品知識が豊富でとても親切なことに気付かれている方も多いと思います。そうした魅力的な店づくりは、全て「売れなかった3年間」が原体験となっているというのです。

そのようにして、成熟化した自転車業界にあって、パワフルな新興勢力として台頭することができたのです。私は、このように成熟業界の中から出てきたパワフルな企業が大好きです。成熟した業界なので、そのパワフルさに対抗できるライバルも出づらく、他を寄せ付けない強さを発揮し続ける可能性が高いからです。

危機を乗り越えて、飛躍し始めたジェイアイエヌ

ジェイアイエヌ（３０４６）も、上場を果たした後に、スランプに陥ります。「ファッショナブルで低価格なメガネ」というコンセプトの店は一時人気が出て業績も上がったのですが、その後類似店がたくさん出て競争が激しくなり、２００８年のリーマンショックの影響も受けて、２００８年８月期、２００９年８月期と連続で最終赤字に落ち込みます。そして、株価は２００９年２月には２００６年のピークから20分の１以下となる39円にまで落ち込みます。

同社の田中仁社長は、会社の先行きが見えなくなり、悩みぬいた結果、かねてから尊敬していたファーストリテイリングの柳井社長に相談にいきます。柳井社長は快く面談に応

じてくれたのですが、その時に「あなたは何のために事業をしているのですか」と問われ、田中社長は言葉を失います。

その時柳井社長からは、「この株価は、あなたの会社に将来性がなく、あなたに経営力がないと思われているのですよ」と厳しい言葉をかけられました。そして、企業の長期的な成長のためには、ビジョン、理念、高い志が必要だということ、安いだけではだめで、品質を高める必要があることなどを説かれました。

その時田中社長は、自分の経営者としての至らなさに気付き涙したといいます。しかし、その後すぐに経営幹部を集め、合宿しながら会社の方向性やビジョンについて徹底的に議論して練り直しました。そして、「メガネをかける人全てに、良く見える・良く魅せるメガネを、史上最低・最適価格で、新機能・新デザインを継続的に提供する」という企業のビジョンを定めました。

そこから、ジェイアイエヌは店づくりも、商品展開もがらりと変わります。

「ニッチな路線では世界は変えられない」という柳井社長の言葉を受けて、メガネをかけている人全員をターゲットにし、店舗は明るく、什器も工夫を凝らしてわかりやすい展示に変えました。

そして、他社の店では2万〜3万円はする非球面レンズのメガネが、フレームとセットで4990円という画期的な料金体系を打ち出し、カラーバリエーションも増やします。同社は1つの商品で4型5色、合計20種類を基本としていますが、低価格なので何種類かを買ってさまざまな色や型を楽しむことができます。また、日本人の顔の形に合わせて、鼻パッドを改良するなど掛け心地の良さを追求し、高品質・高機能を実現しながらの超低価格を実現しました。従来のメガネ店では注文から受け取りまで数日かかるところ、なんと注文から30分で受け取れるようにしたのも画期的でした。

さらに、決定的だったのは、医療用の素材を転用した10グラムと超軽量で掛け心地のよい「エアフレーム」シリーズを販売し、これが業績を変貌させる大ヒットとなったことです。それからメガネ業界では超軽量メガネブームが起きています。

このように、**ジェイアイエヌはメガネ業界としては革新的なサービスを次々打ち出し、挫折経験から2年であっという間にメガネの売上本数業界1、2位を争うところまでになりました。**株価も09年2月の39円から、3年弱で20倍以上に上昇しました。

幸いなことに、私の携わる「ひふみ投信」では、このジェイアイエヌの変化にかなり早い段階で気付いて投資することができました。運用チームのファンドマネジャー、金崎氏がその変化に気付き、興奮して私に報告にしにきたことを忘れることができません。

正直なところ、その時の私はすぐにピンと来ずに、同社株への判断を少し保留していま

図3-10　新しく市場を作り、株価も再浮上しているジェイアイエヌ

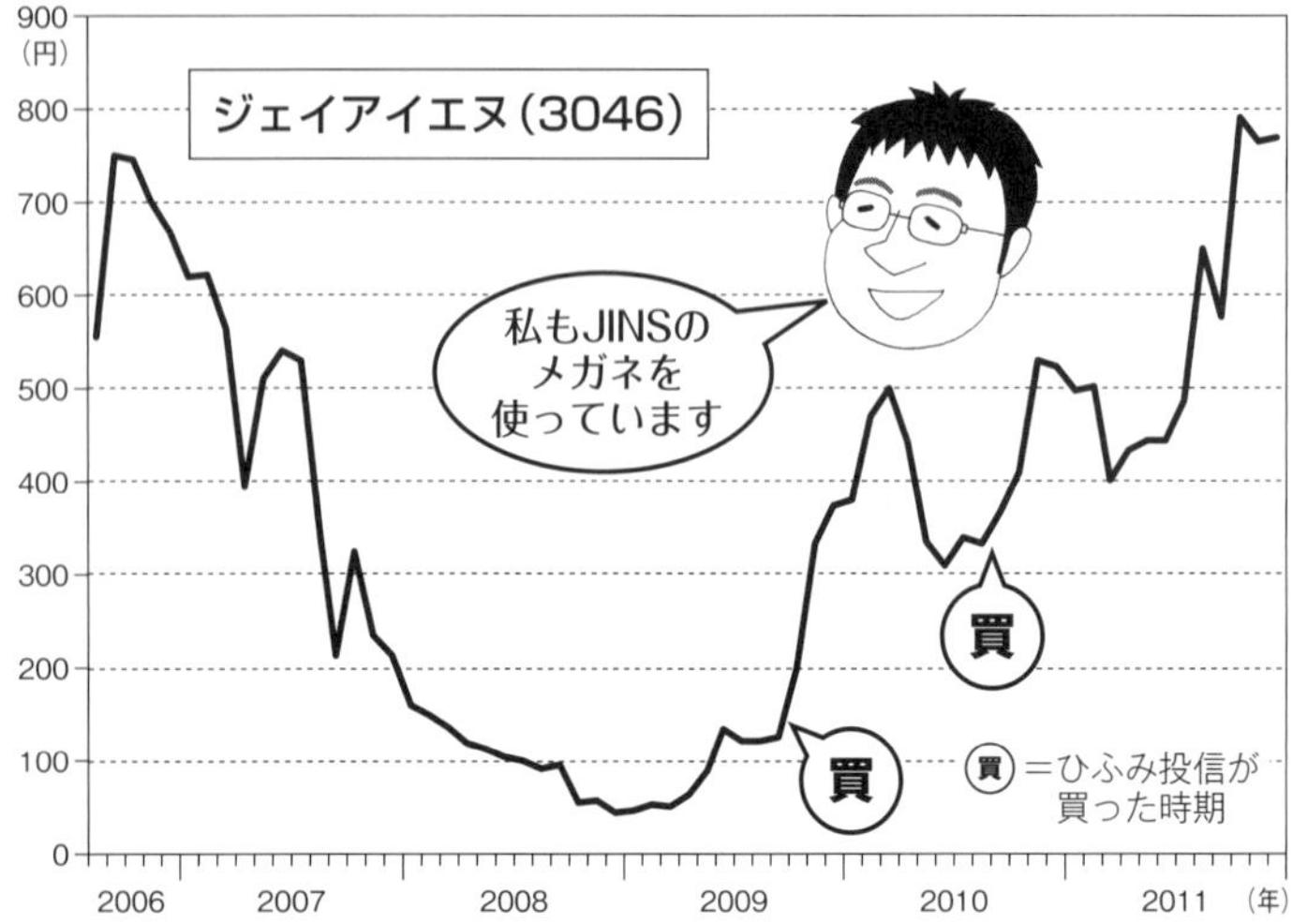

した。その時、たまたまあるパーティーで田中社長にお会いして話をしたのですが、いかにジェイアイエヌが変わったのかを熱烈に語る田中社長の様子と、先ほどの金崎氏の話を考え合わせ、「これは大きな投資チャンスかもしれない」と気付いて、チャンスを逃すことを免れました。

ジェイアイエヌは今後、視力補正としてのメガネだけでなく、パソコンを長時間使用しても疲れないメガネや、スポーツ用に紫外線から目を守るメガネ、ゴルフなどスポーツごとに競技がしやすいメガネなど、機能性アイウェアという概念を打ち出して、潜在需要を掘り起こすことを計画しています。

メガネ業界の市場規模はこの10年で６０００億円から４０００億円にまで落ち込んでいますが、「まったく新しい需要を創造することで、国内で１兆円市場にはなる、そのうち１割のシェアは取りたい」田中社長は言います。

また、同社はすでに世界展開も視野に入れており、２０１０年12月には中国にも進出しました。そして、中国においても、「これだけ高機能なメガネがこの値段なのか」という評判を受けているそうです。田中社長は、いずれ世界に打って出て、「世界で１位のメガネチェーンになる」と本気で考え、社員にも訴えかけています。

「青い鳥理論」～本当にすごい企業は身近にあるもの

さて、本章では、いろいろな会社の事例について詳しく述べてきました。超成長企業とはどんな会社か、かなりいきいきとイメージできたのではないでしょうか。

そして、そのような超成長企業は、私たちにとって結構身近な会社であることが多いことにも気付かれたのではないかと思います。

そして私はこれを「青い鳥理論」と呼んでいます。

幸せの青い鳥は身近なところにいるという意味です。ぜひ、身の回りを見まわしてみて下さい。最近流行っている飲食店や洋服や、子供たちの遊び、奥さんやお子さんが最近はまっているもの、などなど、そうした中に超成長株を探す重要なヒントがかくされています。

もし興味深いお店や商品やサービスを見つけたら、その運営企業、製造企業を調べてみましょう。ネット検索などで調べてみるのもいいでしょう。

そして、会社が見つかったら、まずその会社のウェブサイトを見てみましょう。その会社に関して、投資家にとって必要な情報のほとんどは会社のウェブサイトに出ています。業績や資産状況などを示した決算短信なども貴重な情報ですが、その会社の店舗、商品、理念、経営戦略、社長のメッセージなどを読んでみましょう。

良い会社というのは、どんな理念やビジョンを持ち、何を目指しているのか、ウェブサイトでもわかりやすく訴えているものです。

いくら読んでもわからなかったら、それはその会社があまり良い会社ではない可能性が高いと言えます。自分たちが本当に良いことをしようとしていて、世の中を良い方向に変えたいと思っているなら、それをぜひお客さんや一般の投資家にもわかってもらいたいと思うはずですし、一所懸命にわかりやすく訴えかけてくるはずだからです。

また、社長の写真を掲載してないような会社は要注意です。何か後ろめたいことがあるのかもしれません。投資家にきちんとメッセージを発する意思のある社長は、顔写真を出して、わかりやすいメッセージを発しているものです。

気をつけなければならないのは、投資家をあおるようにすごく高い成長目標を言っているのだけれども、それが偽物であるケースも多々あるということです。66ページで見たS社の例などがその典型ですが、それは、株価を吊り上げて創業者が売り抜けるために必要以上にあおっている可能性もあります。「何かすごそうだ」というイメージだけで、あまり理解できない会社に投資するのはケガのもとです。

社長がほんとうに誠実に話をしているのか、会社の理念がどうか、会社の何が強みなのか、事業計画はそうした強みに基づいている合理的なものなのか、などなど、その会社の主張の真偽を考えてみましょう。

そして、結局のところ、そうした判断が正しくできるのは、消費者として判断できる分野だと思うのです。

日本人は世界一の消費者と言われるほど、商品やサービスの質を見極める目をもっています。皆さん自身、何かモノを買う時には、消費者として非常に厳しい目で見極めるのではないですか。そうした目で、今から投資しようとする会社の商品やサービスや店舗をチェックするのです。そして、これはやはりすごいし、応援したいと思えるのであれば、投資する候補にしていきましょう。

そうした中から、株価が10倍、20倍となる株が出てくる可能性は十分にあるのです。

4章

成熟市場・弱気相場でも勝てる!「超成長株」選び方・買い方・売り方

〝典型的失敗パターン〟から抜け出すために

実際に株式投資をしてみて多くの人が難しいと感じるのは、相場があまりにもダイナミックな動きをするために、その値動きに翻弄されてしまうということでしょう。

せっかく良い銘柄を見つけても、買うべき時に買えなかったり、売るべきでない時に性急に売ってしまう、あるいは、買ってはいけないところで買ったり、売るべき銘柄をいつまでも保有し続けて、最終的に塩漬け株ばかりになってしまう……というパターンに陥る人が多いのです。

一方で、投資の上手い人というのは、相場の変動に翻弄されるのではなく、逆にそれを利用して狙いをつけた銘柄を安く買い、十分値上がりしたところで売り、資産を継続的に増やせる人です。

では、どうしたら、相場の波とうまく付き合い、株式投資で継続的にお金を増やすことができるのか。この章では、この問題について、少し掘り下げて考えてみたいと思います。

もし、あなたが、「何年も株式投資をしているけど、どうも上手く資産が増やせていな

図4-1　失敗の典型的なパターン

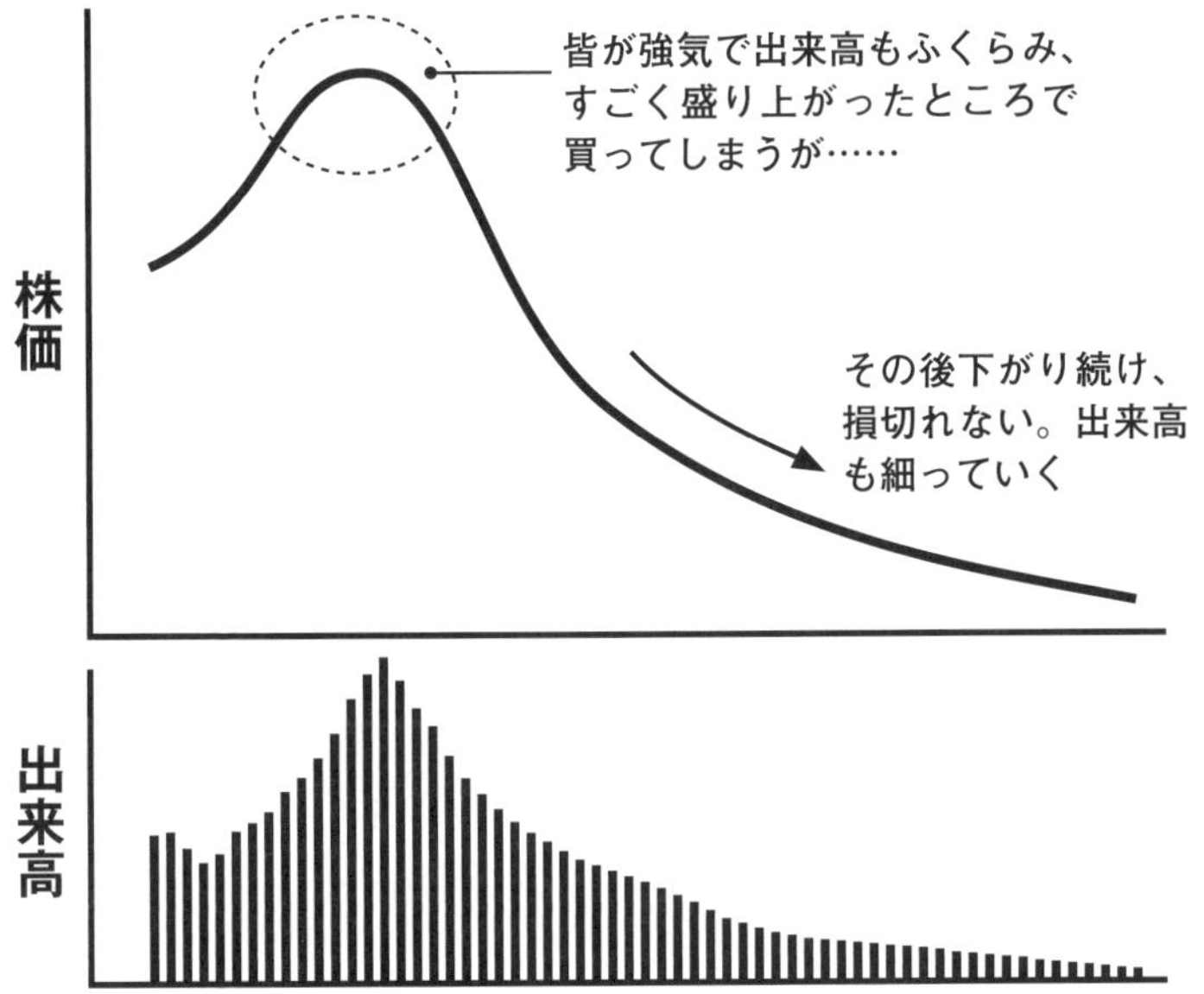
皆が強気で出来高もふくらみ、
すごく盛り上がったところで
買ってしまうが……
株価
その後下がり続け、
損切れない。出来高
も細っていく
出来高

い」というなら、この章でその原因と対策を知ることができると思います。

ここで、まずは、典型的な失敗パターンについて考えてみましょう。

それは、上図のようなパターンです。人気化した株を高い値段で買ってしまい、その後多少上昇する場面があるものの、徐々に上昇の勢いを失い、気がついたらズルズルと下落トレンドに入っていく。損切りができないまま塩漬けにしてしまい、最終的には何分の1の株価になってしまう……。66ページで取り上げたS社の事例もこの典型的なパターンでした。「これは、自分がいつも陥っているパターンだ」と思われる方も多いと思います。投資経験の長い方ほど思い当たる節があるかもしれません。

どうしてこのようなパターンに陥るかというと、きちんとしたファンダメンタルズ的判断に基づいて投資するのではなくて、**雰囲気に流されて人気化した株に飛びついてしまうからです。**雑誌やテレビで専門家が推奨していたからとか、皆が儲かっているから、などの理由だけで株を買うと、たいがいこのようなパターンに陥ります。

不人気な時に買い、人気化した時に売る

私の投資法はこの真逆です。**不人気な時に株を買い、人気化したときに売るのです。**

この投資法は、一見簡単そうですが、実際にやろうとするとなかなか難しいもので、それなりの知識、経験、努力が必要になります。

「不人気な時に株を買う」といいましたが、単に不人気な株を買うのでは上手くいきま

せん。その株がその後人気化するかどうか、そこを見極める必要があります。不人気な株が、不人気なまま沈み続けることも多いのです。「今は不人気だけど、後で人気化する潜在性がある」という見極めが必要です。

また、みんなが弱気な時に株を買い、強気になっている時に株を売るというように、皆と逆の行動を取るのは、精神的に難しい面があります。皆が株を買わない時にひとり株を買うのは勇気がいることですし、皆が「まだまだ儲かるぞ」とワイワイお祭り騒ぎの時にひとりそっと身を引くのも、相当な冷静さが必要とされます。

「周囲に流され、相場に翻弄されて失敗する」というパターンから抜け出し、冷静な判断で「不人気な時に買い、人気化した時に売る」という投資ができるようにするにはどうしたらよいのでしょうか。

それは「応援するつもりで投資する」ことです。

このように言うと、少し拍子抜けされる方もいるでしょう。しかし、この「応援するつもりで投資する」という考え方には株式投資の本質が凝縮されており、この考え方を真に理解して身につけることこそ、銘柄選択眼を磨き、売買タイミングの見極めが上手くなるための決め手になるのです。

投資が上達する近道は、本質を理解すること

「応援するつもりで投資する」という考え方を真に理解し身につけるためにもまず大事なのは、投資の本質をきちんと理解することです。

こんな話を始めると、「ずばり、儲かる銘柄を知りたい」という方にとっては回りくどく感じるかもしれません。しかし、そうした短絡的な姿勢こそ、失敗を繰り返す原因になります。

勉強でも、スポーツでも、ビジネスでも、何事も上達するにはその本質を理解することです。本質を理解せずいくら続けても、なかなか上達できません。投資についても、本質を理解しないで、いくら情報を集めたり小手先のテクニックをおぼえても、その情報やテクニックに振り回されて、結局は大きな失敗を繰り返すだけになってしまいます。

本当に大きく利益を手にしてみたい、と思うなら、ここはまず、投資の本質をじっくり考えてみましょう。投資とは一体何なのか、自分はなぜ投資するのか。そうした根本的な考え方からしっかり正していく必要があります。

では、投資の本質について、順を追ってお話ししていきましょう。

まず、投資とは、辞書的な説明をすれば「資金を投じて、リターンを得ること」です。株式を買って配当や値上がり益を得るということ以外にも、ワンルームマンションを買って家賃収入を得る、貯金をして金利を得る、ということも投資です。

では、どうしてリターンが得られるのでしょうか。

それは、投資した対象が何らかの働きをして利益を生み出すからです。ワンルームマンションの場合には、借り手に住む場所を提供し、その対価として家賃収入を得ることになります。預金の場合には、銀行に預けたお金が、必要な企業や人に貸し出され、その対価として金利が得られます。

株式投資の対象は企業ですが、投資した企業が利益を稼げば、配当や株価上昇の形で投資家はリターンを得ることができます。

そして、企業が利益を得ることができるのは、世の中に役立つことをしているからです。世の中の人たちが欲するサービスや製品を開発して提供し、世の中を便利で楽しくすることで利益を挙げているのです。

もちろん、中には、法令違反したり、社会性に反するやり方で利益を得ている会社もあるでしょう。しかし、世の中の利益に反する行為は、やがて摘発されたり、規制されたりするリスクが高いです。そうなると、会社の経営自体が危うくなります。

長期的に成長していく会社は、法令順守することはもちろん、社会的正義の観点にのっとる形で、長期的に社会の便利さと楽しさを向上させていくことに貢献する企業です。

株式投資家は、こうした企業活動を資金面でサポートする役目を果たします。株式投資家は企業に資本金を提供し、企業はその資本金を事業の元手にするのです。そして、その事業から利益が生み出されれば、投資家には配当や株価上昇の形でリターンがもたらされることになります。

株式投資が企業にとって力になる理由

実は、株式市場で株を買うというのは、今述べたこととはやや異なる側面があります。株式市場での株の売買は、投資家同士で株をやりとりし合っているだけで、発行している企業に直接お金が入るわけではないのです。

図4-2　企業が上場するメリットは？

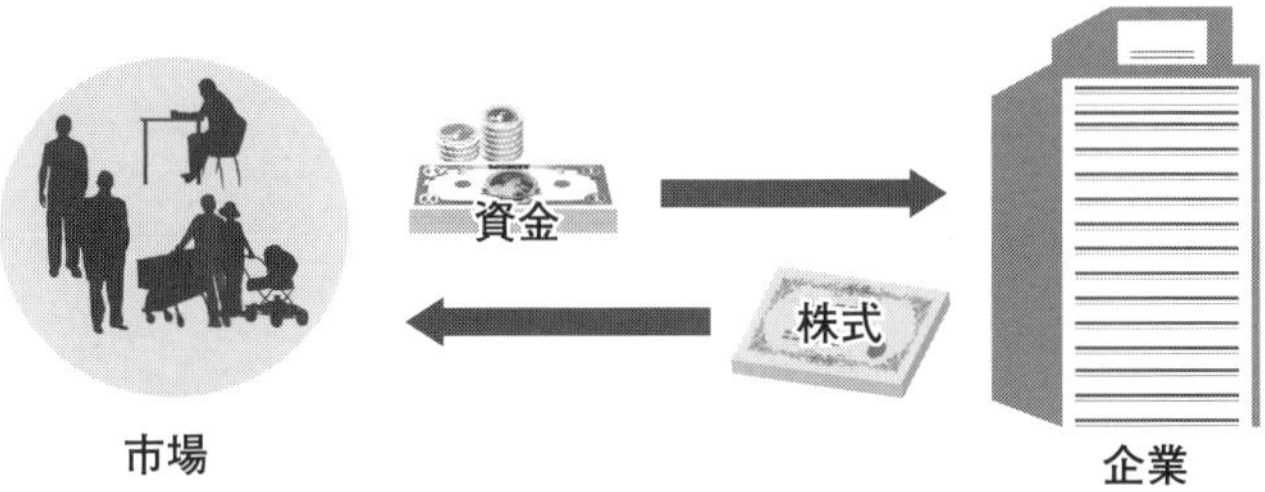

上場のメリット

- 新株を発行して資金を調達する
- 信用力や知名度を高める

企業は株を新たに発行した時に資本金が入ります。企業が新株を発行し、それを投資家が買って、支払い代金が企業に入るという取引になります。こうした取引全体をプライマリーマーケットといいます。それに対して、株式市場での投資家同士の取引は、すでに発行されている株を売買しているのであり、これをセカンダリーマーケットといいます。通常、投資家が株を買うという場合には、ほとんどはセカンダリーマーケットの取引になります。

では、株式市場で株を買うことは、その企業にとって何か意味があるのでしょうか。あるいは、社会的にはどんな意義があるのでしょうか。

ここで押さえておきたいポイントは、そもそも企業が株式市場に上場してくるのは、

・新株を発行して資金調達する
・信用力や知名度を高める

などのメリットのためだ、ということです。

株価が上昇して時価総額が増加したほうが、新株も発行しやすくなりますし、知名度や信用力も高まります。一般消費者向けにも、事業者向けにも展開しやすくなりますし、銀行借り入れや企業買収なども有利に進められます。

逆に株価が低迷している状況では、新株を発行してもお金を出してくれる投資家が集まりづらいですし、知名度や信用力を上げるということにも役立ちません。それどころか、株価が低迷し時価総額があまりにも急減すると、「この会社大丈夫だろうか」と疑いの目で見られかねません。金融機関などは、株価が大きく下落することで信用性を失い、資金調達の際のコストが上がったり、資金繰りそのものに支障が出て経営が行き詰まることだってあるのです。かなり極端な例ですが、「企業が株価に潰される」と言われる現象も時折起こります。

このように見ると、私たちがある企業の株を買ったり売ったりすることは、その企業に力を与えたり奪ったりすることにつながる、ということがわかります。

もちろん今述べた例はやや極端な例であり、投資家が絶対的な力を持つわけではありません。いくら応援しようと思って株を買っても、ダメな企業を選択してしまえば、企業とともに投資家が沈んでしまう結果になりますし、良い企業を信用売りしてしまえば損をしてしまうでしょう。

つまり、あくまでも企業活動が主であり、株式投資家や株式市場はそれをサポートする役割を持つということです。そして、世の中の役に立つアイデアを持ちその実現に努力している企業に投資家たちの支持も集まれば、それは大きな力になるということなのです。

企業活動のサポート役だが、非常に重要な役割を持つ。それが株式投資家だと言えると思います。

株を買うとは、企業の共同オーナーになること

制度面から言うと、株式を持つというのは、その企業のオーナーになるということです。

企業活動の主体は、あくまでも現場で格闘している経営者や従業員の人たちですが、その

企業の持ち主は株主なのです。

ちょっと大げさに聞こえるかもしれませんが、現に制度的にそういうものなのです。100%株を保有すれば100%その企業は自分のものになりますし、0・01%保有すれば0・01%だけ自分のものになります。株式を持つとは、「企業の一部を所有する」ということと同義語なのです。

このように考えれば、「株式の価値は、企業の価値と比例する」ということがわかると思います。

企業の価値は、どれだけ世の中の役に立ち、利益をどれだけ生み出せるかで決まりますが、ここでもう一つ大事なのは、そうした企業活動の裏には、さまざまな人たちの努力、働き、思いなどがあります。それだけでなく、中にはサボる人もいるでしょうし、他の従業員をねたんで足を引っ張ろうとする人もいるでしょう。良い面も悪い面も全て含めて企業です。つまり、企業の価値とは、血と涙と汗とさぼりとねたみと……企業内で行なわれていることの全ての結晶と言えるのです。

株式投資というのは、このような生々しい企業という実態の一部を買っているのです。これを私は株式の肉体性と読んでいます。

そして、この株式の肉体性を意識しつつ、「やはりこの企業は世の中に必要だ。ぜひとも応援したい」と思えるような企業に投資するのです。

これが本来的な株式投資ですし、より本質的な株式投資のあり方だといえます。

株を紙切れとして扱うから、相場に翻弄される

これと対極的な株式投資というのは、株式を単なる紙切れのように扱いながら売買を繰り返すやり方です。

株式の本質を理解せず、株式を紙切れ程度にしか思っていないから、株式投資が単なるマネーゲームとなってしまうのです。そして、「簡単に大儲けしたい」という安易な考え方に傾き、結果的に大半の人は相場の波に翻弄されて大きな損失を出してしまうことになるのです。

もちろん、株式市場はルールさえ守れば自由に売買することが許されていますから、どんな考えに基づいて売買しようと自由です。短期売買やデイトレードでさえ、否定されるべきではありません。さまざまな投資家がさまざまな考えで売買するから、株式市場の流

動性の厚みが増して、皆が好きな時に売買できるようになるのです。

しかし、株式の肉体性を無視し、ファンダメンタルズ的な判断を加えずにマネーゲームをする場合には、かなり厳しいゼロサムゲームに参加することになります。誰かの利益は、誰かの損失という厳しい世界です。しかも、そこにはプロのディーラーや、それだけで食べている専業トレーダーなど、さまざまな手練手管が参加している世界で、何の知識・経験・戦略もなしに無防備に参加したら、身ぐるみはがされるだけです。

それは、有望な企業を応援するつもりで買い、企業の成長とともに社会も便利になるし、投資家も儲かり、皆ハッピーになるという牧歌的な投資とは対極的なものです。

株式投資の2つの社会的役割をおさえておく

私としては、やはり、本質に沿った本来的な株式投資のやり方が、大半の人には馴染みやすいと思いますし、上手くいきやすいと思います。

本質や基本を踏まえるというのは、最初はやや回りくどくて面倒くさい感じがするかもしれません。それよりも、お手軽に儲けられそうな情報やテクニックに走ってしまう気持ちもわからなくはありません。しかし、実際にやってみると、そうした短絡的・小手先的なやり方はかえって難しいです。

それに対して、本質や基本を踏まえたやり方こそ成功への近道ですし、何よりも、さまざまな企業の活動や経済全般の動きが生き生き感じられて楽しく、勉強にもなります。世の中の役に立っているという充実感も持てます。

企業には企業の社会的役割があり、その役割を果たした結果として利益がもたらされますが、それと同じく、株式投資家にも株式投資家の社会的役割があり、その役割を果たした結果として、利益が得られます。これが大原則です。

「まずは投資家にとっての役割を果たすことが大事で、利益は後から付いてくる」というくらいの視野の広さ、精神的余裕をもった投資家こそ、長期的に継続的に資産を増やせています。

では、株式投資家の役割とは何でしょうか。**それは、社会に必要な会社を選別することと、割高・割安の判断をすること、の2つです。**

まず、会社の良し悪しを判断します。

そして、ダメと思う企業の買いは見送り、保有していたら売ります。

良いと思う企業を見つけたら、今度は割安・割高の判断をします。割安なら買いますし、割高なら「見送り」もしくは「売り」となります。

心から応援したいと思える企業を探そう！

良い企業かどうか選別する考え方は前章までで述べてきましたが、究極的には「自分やこの社会にとって必要な企業だから、ぜひ応援したい」と思える会社を探すことです。

たとえば、私が今、心から応援したいと思う企業の一つにＪＰホールディングス（２７４９）という企業があります。この会社は保育園や学童クラブ運営など、子育て支援の最大手の会社です。

現在、日本が抱える問題の一つとして、女性の社会進出が国際的に見てまだまだ遅れているという問題があります。この20年ほどは、男女雇用機会均等法などもできて、だいぶ女性の社会進出は進みましたが、国際的にみるとまだ見劣りする水準です。

上場企業の役員の女性の比率はたった１・４％（『役員四季報２０１２年版』東洋経済

図4-3 世界の国会議員の女性比率の割合

国名	国会議員(下院または一院制の場合)の女性割合(%)	国名	国会議員(下院または一院制の場合)の女性割合(%)
ルワンダ	56.3	アルゼンチン	38.5
スウェーデン	45.0	デンマーク	36.9
南アフリカ	44.5	スペイン	36.6
キューバ	43.2	ドイツ	32.8
アイスランド	42.9	英国	22.0
フィンランド	40.0	中国	21.3
ノルウェー	39.6	フランス	18.9
オランダ	39.3	米国	16.8
ベルギー	39.3	日本	**11.3**

『男女共同参画白書』平成23年版より作成
出典：IPU（列国議会同盟：Inter-Parliamentary Union）資料、2011年３月末現在。

日本の順位は
残念ながら
186カ国中
121位です

新報社刊より）と、主要国の中で断トツの最下位ですし、国会議員の女性比率などは、国会議員（衆議院）に占める女性の割合が日本は11・3％（２０１１年）で、１８６カ国中１２１位。スウェーデンが45・0％、ノルウェーが39・6％、ドイツが32・8％と比較するとかなり低い状況です（男女共同参画白書より）。

その背景には、日本にまだ女性を軽視する社会的な雰囲気が残っているという問題もありますが、それ以上に女性が子どもを産んでも安心して働ける環境が不十分であるという問題が大きいと思っています。

その象徴が待機児童の問題です。２０１０年の段階で待機児童は約2万６０００人ですが、最初から保育園に預けるのを諦めている隠れ待機児童も多いので、実質的な待機児童数はその何十倍もいると言われています。

そして、それに匹敵する女性の数が、働けないまま家庭でくすぶっているわけです。また、仮に保育園に預けられたとしても保育時間の制限や、突然の病気への対応、小学校に上がった時に放課後預かってもらう学童保育の施設が足りずに、小学校に上がった段階で仕事を辞めざるをえない「小1問題」などもあります。

保育に関する問題だけをみても、女性が仕事でキャリアを積んでいく道を閉ざしている面が大いにあります。

もし、働きたい女性が思い切り働ける環境があれば、それは日本経済、日本企業にとって大いに戦力になりますし、もっと上場企業の女性役員の比率も高くなるでしょう。

こうした問題に対して、日本の保育業界に革新を起こしたいと頑張っているのが、ＪＰホールディングス（２７４９）です。

日本の保育業界では、待機児童が多いのに、新規参入者が認可を受けることは難しく、一度認可を得ると全額公的資金で運営できる上に競争がなくてサービスや経営の向上がなされない状況になっています。そして、すでに認可を受けて保育園経営をしている社会福祉法人の多くは、理事長以下の役員を一族で固め、高い収入を得ているのです。そして、こうした勢力が政治にも働き掛け、新規参入を阻んでいるという根深い問題があります。

ＪＰホールディングスは２００1年に古い業界体質を自ら変えようと、埼玉県に日本初となる年中無休の郊外型大型保育園と託児所2施設を開設しました。これら施設は1時間単位で一時保育を受け付けるなど、利用からのニーズが高いサービスを積極的に打ち出しました。ところが、この施設は認可外のため公的助成金がなく、経営は厳しい状況が続きました。

しかし、同社の実績が認められ、２００2年には西東京市ひばりヶ丘に東京都が認可し

図4-4 働く母親の強い味方となり、少子化なのに業績が伸びている！

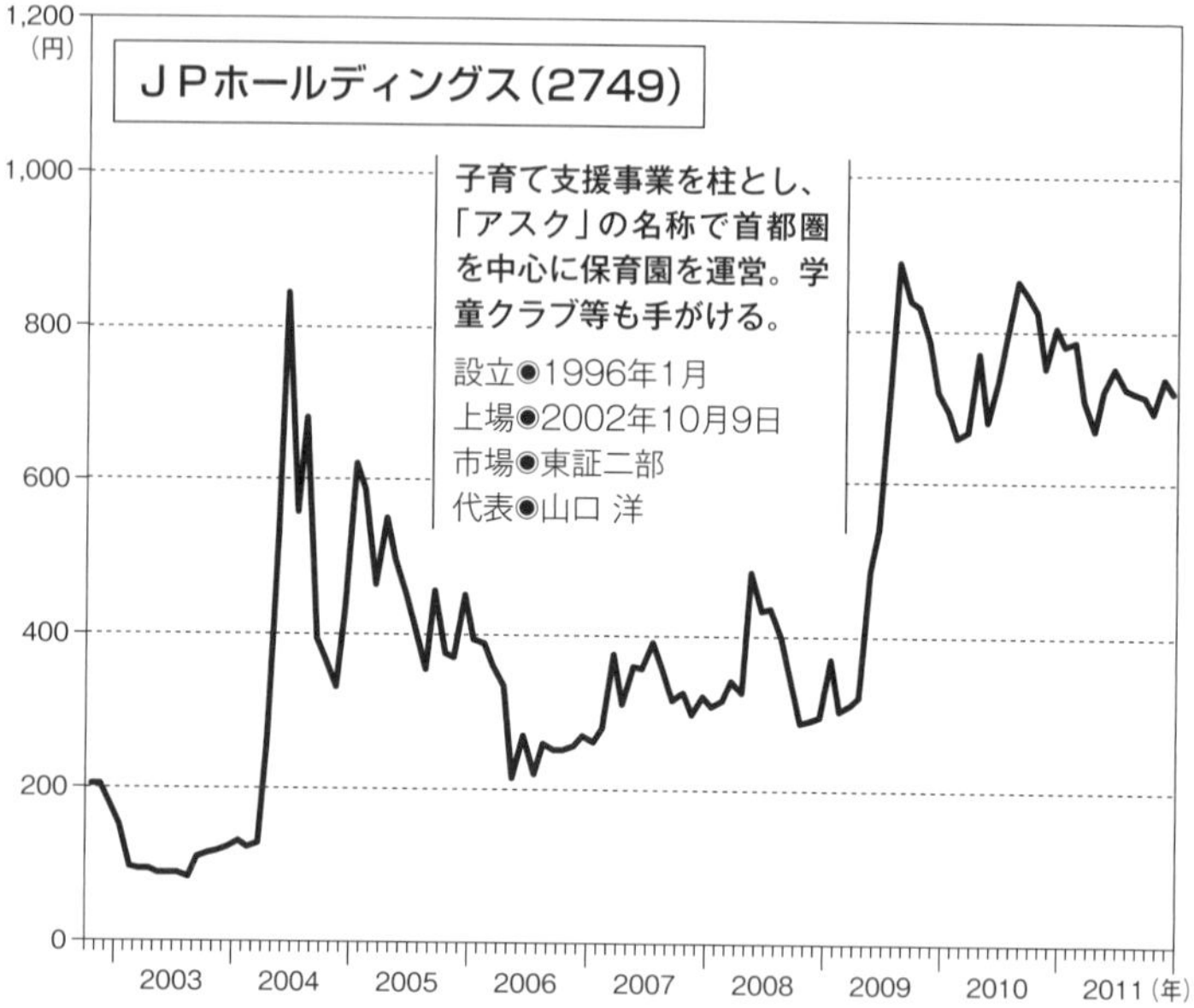

た東京都認証保育園を開園しました。その後徐々に実績を積み重ね、主に東京の自治体に少しずつくいこんで施設を拡大しているところです。

現状ではまだ既得権者たちによる新規参入の壁は高いのですが、徐々に風穴をあけつつあります。最終的には全国展開して、日本の保育業界をガラリと変革し、待機児童の問題を解消することを同社は目指しています。

こういう会社こそ、まさに、応援したくなる会社、応援すべき会社だと言えるでしょう。

日本人は世界一厳しい消費者。この選別眼生かせば世界最高の投資家に！

成功するアクティブ投資～STEP1
銘柄を選ぶ

もちろん、単に応援したいというだけでなく、本当にその企業は社会にとって必要なクオリティを持った企業かどうかを判断することが必要になります。特に、業界内にライバル会社や類似会社がある場合には、選別眼はより重要になります。ライバルに比べてその企業の何が優れているのか。その企業の製品やサービスが、ライバル企業の製品・サービスにとって代わられる心配はないか。そうした点を吟味しなければなりません。

これに関してはすごく難しいことのように感じるかもしれません。

しかし、私は、日本人は世界で最も選別眼の優れた投資家になれると思っています。というのも、日本人はすでに、世界で最も優れた消費者だからです。日用品、食品、衣料、家電など、生活のあらゆる必需品において、日本人ほど選別眼の厳しい消費者はいません。これらの分野の世界中の主要メーカーは、日本市場をクオリティを磨くための市場として強く意識しています。

今後企業が量的に成長する上では、中国やインドなどの新興国での展開が必要ですが、クオリティを磨く上では日本の市場が重要な市場として意識されているのです。それは、日本人は世界一選択眼が優れた消費者だと思われているからです。

現に私たち日本人は、食べものを買う時も、服を買う時にも、家具を買う時にも、家電を買う時にも、機能面、品質面、価格面など非常によく吟味して買います。そして、実際に良い選択をすることが多いと思います。

この選択眼を株式投資の企業選びに生かせば、非常に良い投資ができると思います。99ページで「身近な情報を生かす」ということを言いましたが、これはまさに、私たちが日常生活で消費者として行なっている選別眼を生かそうということでもあります。

実際にサービスや商品を利用したり、店舗に行き、消費者としての厳しい目線で、そのクオリティを判断しましょう。そして、その企業は優秀なのかどうか、長期的に生き残れるかどうか、あるいは、応援するのに値する企業かどうか、ということを考えてみましょう。

こうしたことを繰り返しながら、少しずつでも株式投資を続けていけば、企業を見極める目がどんどん養われていきます。

適正な価格形成が、企業にとっても重要

成功するアクティブ投資　STEP2

適正な価格で買う

良い銘柄を選んだら、次は、その銘柄の今の時価が割高か割安かを判断することが重要になります。どんなに良い銘柄でも、割高な株価で買ってはいけません。あくまでも良い銘柄を割安な株価で買うことが重要なのです。

どんな良い銘柄でも、人気化して割高になっている株価で買うと、その後長い株価低迷に巻き込まれてしまうこともあります。株価が一旦過熱気味に買われてしまうと、その反動でその後の株価下落が大きくなったり、調整期間（株価の上昇が休止している期間）が数年に及ぶことがあるのです。

それでも「応援するつもりで株式を持つからいいんだ」という人もいます。しかし、十分割安になった時に買ったほうが、同じ金額でも多くの株数が買えます。

また、企業側からしても、株価が売り込まれて割安になった時に買ってもらうということは非常にうれしいことです。企業が一番株価動向を心配するのは、株価が売り込まれて

いる時です。株価が実態以上に売り込まれてしまうことは企業にとっては悔しいことでもありますし、現実的に、ライバルからの買収対象になってしまう危険性も生じます。もちろん、買収が全て悪いわけではありませんが、株価が実力以上に売り込まれたところを狙ってライバルに買収されるのは、企業にとっても株主にとっても不本意なことだと思います。また、株価下落そのものが企業の信頼性やイメージをそこなったら、資金調達や事業展開に支障をきたす可能性があります。

そうしたことからも、株価が下落した時に、その企業の真の価値を評価して買ってくれる投資家こそ、その企業にとってはありがたい存在なのです。

良い企業を割安に買った後、株価が上昇して割高になったと判断したら売ります。企業を応援しようと言っておきながら、割高になったら売るというのは違和感を覚える人もいるかもしれません。

しかし、割高だと判断したら売るのも投資家としての大事な役目です。

企業にとって、株価はただ高ければいいというものではありません。将来性への期待感から株価が上昇するのはいいことですが、あまりにも実態からかい離してバブル的な株価になることは、株価形成上好ましいことではありません。バブル的な株価は維持するのが難しく、その後バブルがはじけて長期的な株価低迷状態に陥ってしまう可能性があるからです。そうなると、業績は好調なのに、株価低迷が続くという状態が生じてしまいます。**企業にとって望ましいのは、あくまでも実態に即した適正な価格形成なのです**。そして、割安だと判断したら買い、その後実際の成長に即して株価上昇が続く限りは保有し、実態から、かい離して割高になったと判断したら売る、というのが本来的な投資家の役割であり、社会的にも意義のある行動といえます。

PERから考える、買い時と売り時

「割安な時に買い、割高になったら売る」という時の、割高・割安の判断については、大雑把にいえば、「不人気な時に買い、人気化したら売る」ということになります。応援すべき良い企業が不人気な状態だとすれば、割安な状態になっている可能性が高いです。逆に、応援すべき良い企業と言え人気化してくると、割高になっている可能性が出てきます。人気化しているというのは、株価がだいぶ上昇し、出来高も増え、そのような状態で雑誌や新聞などでも推奨されることが多くなってくる状態です。

割安・割高をもう少し明確に判断するには、ＰＥＲやＰＢＲなどの指標を使うといいでしょう。

ＰＥＲは「株価÷１株益」という式で計算し、収益面から見た割安・割高さを測ろうという指標です。１株益というのは、一年間の税引き後の利益を１株当たりに割り振ったもので、１株当たりの稼ぐ力を示す数字です。これに対する株価の倍率であるＰＥＲが低いほどその株は割安だと判断できます。

日本株の平均ＰＥＲと平均ＰＢＲの推移を１９０ページ図５－８に掲げましたが、今は両指標ともに大きく低下していて、２０１１年９月現在、過去20年間で最低水準となっています。

日本株のＰＥＲについては、１９８０年代後半のバブル以降国際的に見て高い状態が続いていました。バブル時には株価そのものが高いためにＰＥＲが高くなり、バブル崩壊以降は株価が大きく下落したのですが、日本企業の収益力が低くなったためＰＥＲが高くなってしまっていたのです。ＰＥＲは株価と利益を比べるものであり、利益水準が高いのに株価が安ければＰＥＲは低くなり、利益水準が低いのに株価が高ければＰＥＲは高くなります。

２００３年以降は、リーマンショック時などを除くと、日本の企業収益の水準は以前に比べるとかなり高まり、一方で株価は低迷が続いているため、ＰＥＲが低くなってきました。世界的に見て、平均的なＰＥＲは10倍台です。相場状況が良い時には10倍台後半、相場状況が悪い時には10倍台前半くらいになります。古今東西の平均を取ると10倍台半ばくらい（15倍前後くらい）という感じです。

ギリシャの財政問題で世界が揺れた２０１１年秋には、世界の主要株式市場の平均ＰＥＲは10倍台前半でした。

ただし、ＰＥＲは単純に「10倍だから割安」とか、「20倍だから割高」ということは言えません。

たとえば、Ａ社、Ｂ社という２社があり、ともに現在の１株益は１万円だとします。Ａ社の株価は20万円で、Ｂ社の株価は10万円だとしましょう。これだけみると、Ａ社はＰＥＲ20倍だから割高、Ｂ社はＰＥＲ10倍だから割安という判断になりそうな感じがします。

しかし、Ａ社は成長性が高く３年後に１株益２万円になりそうで、Ｂ社は斜陽気味で３年後に１株益が０・５万円になりそうだとします。

こうなると、話はがらりと変わってきます。３年後の１株益で計算をし直すと、Ａ社は20万円÷２万円＝10倍、Ｂ社は10万円÷０・５万円＝20倍と、ＰＥＲが逆転してしまいます。

図4-5 PERは今後の業績見通しを考えながら使う

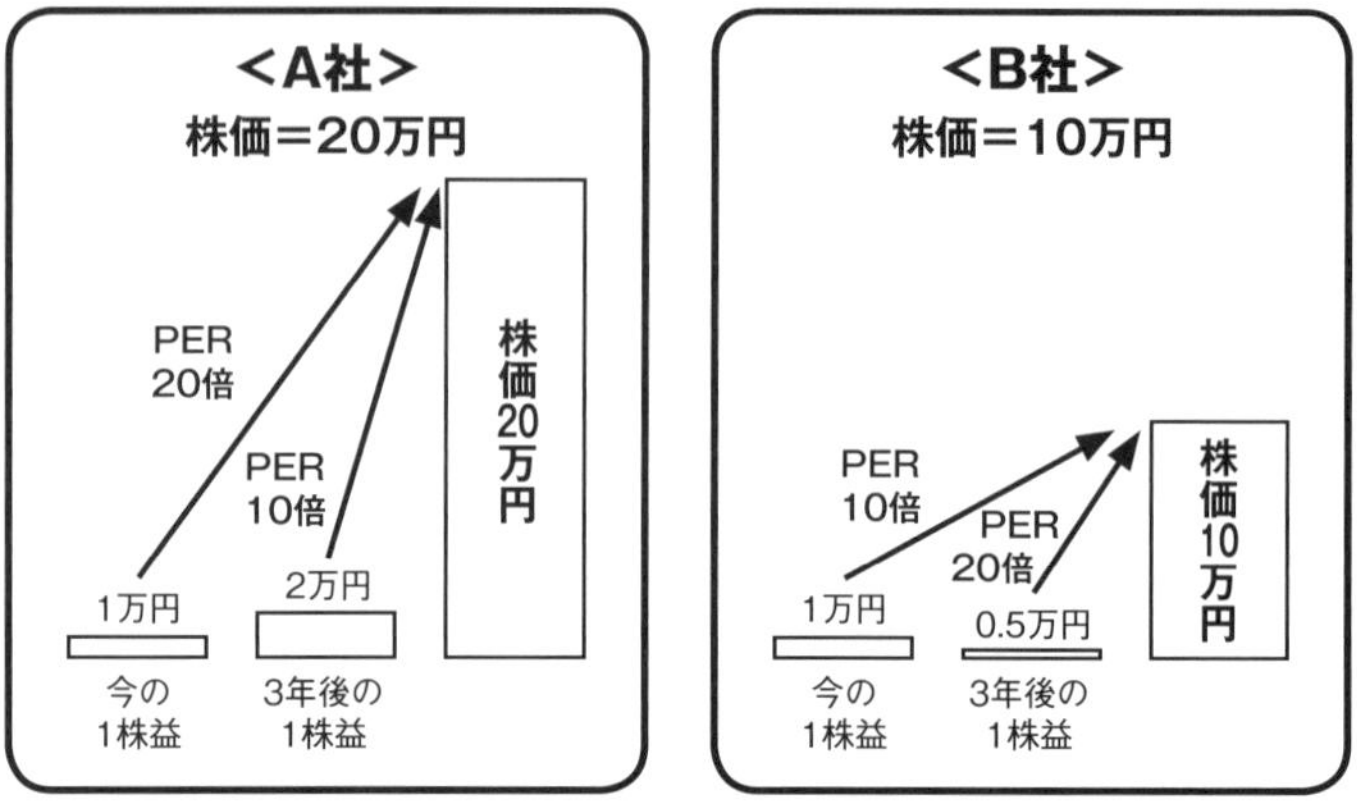

今の１株益から計算するとPERはA社20倍、B社10倍だが、３年後の１株益で計算するとA社10倍、B社20倍と逆転する。

つまり、A社の株の方が割安で魅力的だと判断できます。このように**PERは、今だけでなく今後の業績がどうなるかを考えながら使うのです。**

ここで思い出していただきたいのは、株式投資家は紙切れや抽象的な数字を売買しているのではなく、肉体性を持った企業の一部である株式を売買しているのだということです。やや大げさな話になりますが、会社を丸ごと取引するのと、株を売買するのは、本質的には変わりません。もし会社を丸ごと買うのならば、その会社の今の業績だけでなく、会社の製品やサービス、それを生み出している経営陣や従業員の人たちのこともイメージし、将来性がどうなのかを考えるはずです。ウェブサイトをのぞいてみることはもちろん、雑誌やテレビなどでその会社のことが紹介されていたら、その会社のことを知る絶好のチャンスだと思って注目して見るといいでしょう。そして、2〜3年後にどうなるかに留まらず、10年後、20年後どうなるかについて思いをはせてみます。このように、会社の肉体性を感じながら将来性のことを考え、そうした企業に対する評価を踏まえてPERを見ていくのです。

PERが1ケタの場合、投資家たちの間でその企業の将来性が不安視されている可能性があります。しかし、単にその会社の良さが見逃されていて、将来性があるのにPER1ケタならば、それは今後株価が何倍かになる可能性があります。

PERが20倍とか30倍のように高い場合、今後業績が伸びると評価されていると言えます。しかし、その期待どおりに成長できなければ、その高いPERは維持できなくなり、株価は数分の1に下落していく危険性があります。

PBRで考える、資産面から見た割安さ

PBRは「株価÷1株純資産」で計算し、資産面から見た割安・割高を測る指標です。1株純資産は、企業の純資産（資産から負債を差し引いた純然たる資産部分）を1株当たりに割り振ったものです。理論上は、会社が解散した場合に株主に払い戻される1株当たりの資産ということで、解散価値とも呼ばれます。

純資産というのは、企業が利益を稼ぐと今後増えていく性質のものです。企業は、稼いだ「税引き後利益」の中から配当を支払いますが、残った部分は純資産として積み上げていくのです。

こう見た時、単純に考えれば、PBR1倍を下回れば割安、PBR1倍を上回れば割高という感じがします。ちなみに2012年1月現在で、日本株全体のPBRは1倍を切っています。

しかし、このPBRの見方もそう単純にはいきません。今いくら純資産があっても、今

図4-6　ＰＢＲ１倍未満は割安な状態

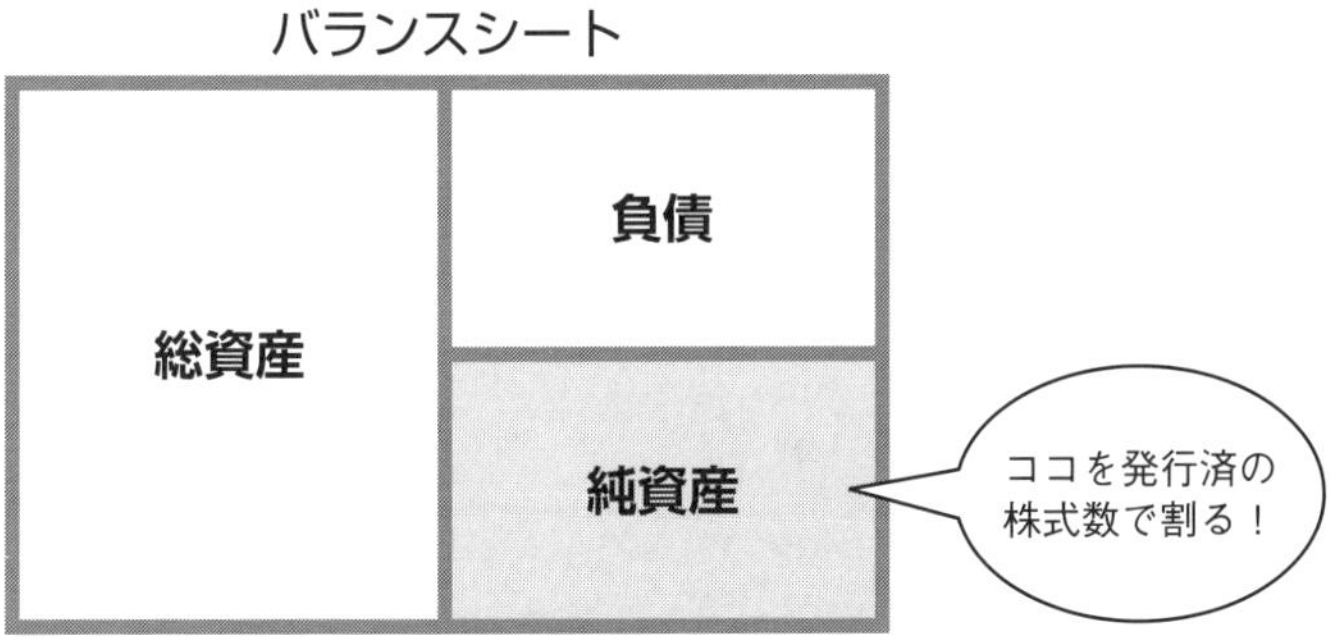

PBR＝株価÷１株当たりの純資産

↓

PBRが１倍未満は割安

後収益力が衰えて赤字垂れ流しの会社になってしまえば、純資産が棄損していく危険性があります。それに対して、収益力がどんどんパワーアップしていく企業なら、今後純資産がどんどん積み上がっていく可能性があります。

　ですから、株式市場でＰＢＲが１倍よりも高く評価されている企業というのは、今後ＰＢＲがどんどん積み上げられていく可能性のある企業と見ていることになりますし、ＰＢＲが１倍を割り込んでいる企業というのは、今後純資産が棄損されていく可能性のある企業と見られていることになります。

　しかし、将来的に順調に収益を拡大していける可能性があるのに、ＰＢＲ

が1倍を割り込んでいるならば、これはすごく割安である可能性があります。

逆に、ＰＢＲがものすごく高いのに、期待に反して収益力が衰えてくるならば、株価は下落する可能性があります。

以上見たように、将来性を考えながら、ＰＥＲ、ＰＢＲを見て割安・割高を判断していくのが基本です。

もちろん、将来性の判断は簡単ではありませんし、ＰＥＲ何倍だからもう上昇しないとか、ＰＢＲ何倍だからもう下落しない、などと断定することはできません。ＰＥＲ、ＰＢＲというのはあくまでも目安となるものです。

しかし、これらの指標を見ることで、だいぶ判断のよりどころが明確化されます。

たとえば、「ＰＥＲ10倍、ＰＢＲ1倍」という状態で注目して買った株が、その後上昇し、人気化して、「ＰＥＲ20倍、ＰＢＲ2倍」という状態になったのならば、「だいぶ割高になった」とか「割安感は薄れてきた」というように考えることはできます。少なくとも、買った時点に比べれば、割安さの点で魅力が薄れ、リスクが高まっていることは確かです。

こうなれば、「ちょっと最近人気化して、株価上昇も過熱気味になってきたかな」と判断して、株の一部もしくは全部を売却するのもいいと思います。

銘柄分散と時間分散でリスクを管理する

成功するアクティブ投資　ＳＴＥＰ３

リスクを認識する！

株式投資を継続的に行ない、資産を増やすためには、リスク管理も非常に重要なテーマになります。

投資におけるリスクというのは、リターンが予想通りにならないということです。銘柄選択やタイミングを誤れば、リターンがマイナスになってしまうこともありますし、大きく失敗すれば何分の一かになってしまいます。

ここまで銘柄選択や、投資タイミングの考え方を述べてきましたが、それでも投資には失敗はつきものです。勝率１００％の投資法などありません。プロでもしょっちゅう失敗していますし、私もいまだに失敗を繰り返しています。

では、プロと素人、成功者とそうでない投資家とを分けるものは何でしょうか。

それは、リスク管理法、平たく言えばリスクとの付き合い方です。

プロは、はじめから「失敗は一定の割合で起こる」ということを前提でリスク管理をしています。

リスク管理法として重要なのは、分散と損切りです。

分散には、銘柄分散と時間分散の2つがあります。銘柄分散というのは1つの銘柄に資金を集中しないこと、時間分散というのは一度に資金を集中的に投じないということです。

言うまでもありませんが、ひとつの銘柄に集中投資してしまうと、その企業に何か大きなトラブルがあって株価が急落した場合に、資金が大きく棄損してしまうリスクにさらされます。特にある程度まとまった資金で株式投資をする場合、1銘柄に投じる資金は、できれば、資産の20%までとか、10%までというように決めておくのがいいでしょう。

時間分散も重要です。株価下落の底、相場の底というのは、なかなか言い当てることができないからです。時には大震災やテロによるショック安などもありますので、常にある程度現金の部分を作っておくのがいいと思います。

ひとつの銘柄を何単位か買う場合は、できるだけタイミングを分散した方がいいでしょう。

銘柄分散、時間分散の究極の形は、本当に良い投資信託を毎月積み立てるという戦略です。私が携わっているひふみ投信も、毎月積み立てる形をお勧めしています。

図4-7 ドルコスト平均法

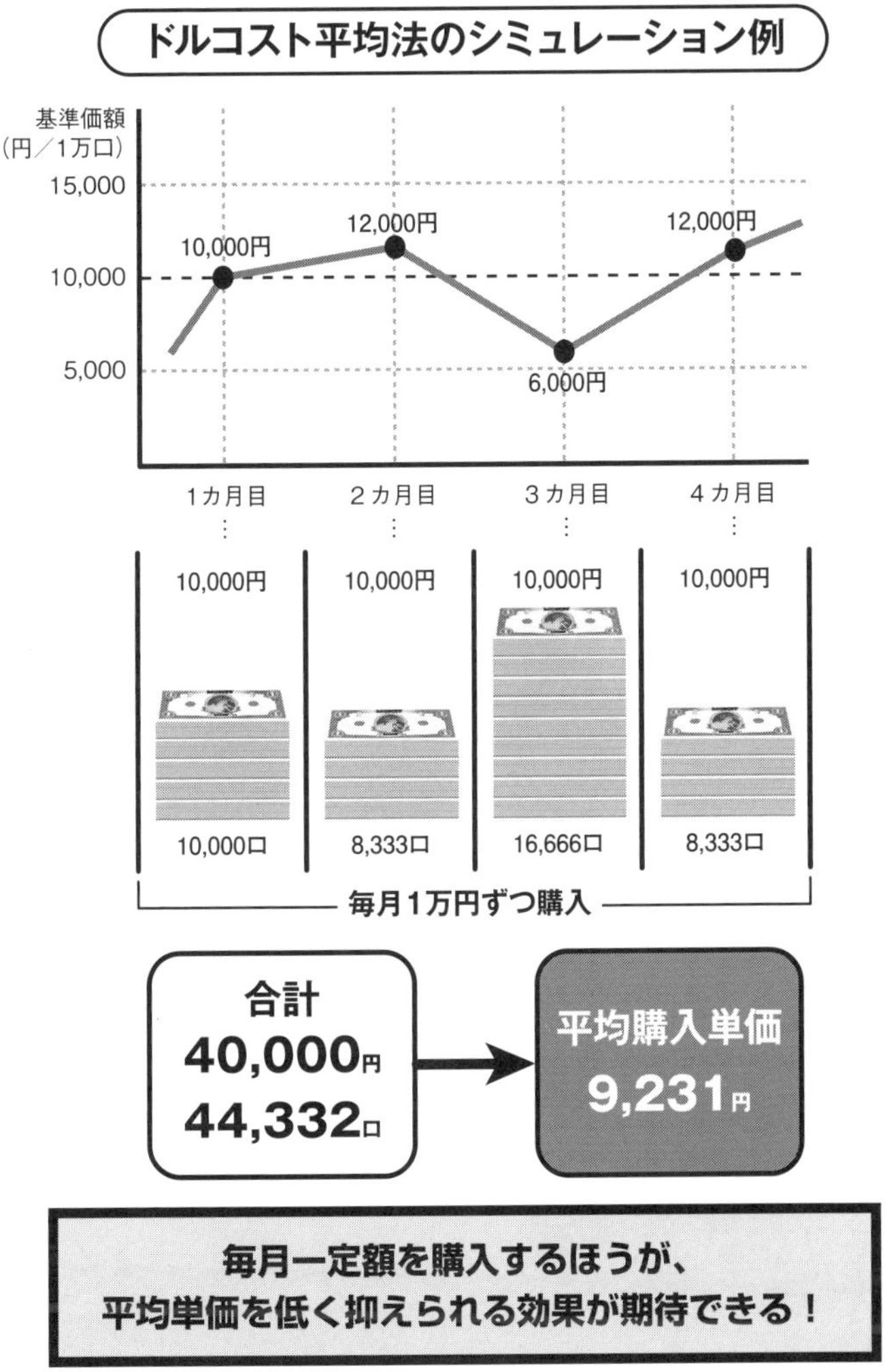
ドルコスト平均法のシミュレーション例
基準価額
(円／1万口)
15,000
10,000
5,000
10,000円
12,000円
6,000円
12,000円
1カ月目
2カ月目
3カ月目
4カ月目
10,000円
10,000円
10,000円
10,000円
10,000口
8,333口
16,666口
8,333口
毎月1万円ずつ購入
合計
40,000円
44,332口
平均購入単価
9,231円
毎月一定額を購入するほうが、
平均単価を低く抑えられる効果が期待できる！

毎月積み立てる形だと、タイミングで失敗するというリスクは究極的に減らすことができ、逆に、「ドルコスト平均法の効果」というのが得られます。これは、毎月積み立てることで、株価が下落した時ほどたくさんの株数が買えるため、株価が安い時に購入株数が自動的に多くなるという効果です。

ただし、積み立てるべき対象は、きちんとした方針や運用体制に裏付けられているアクティブ投信にするべきです。

しかし、残念ながら2章で述べたように、今のところ信頼できるアクティブ投信は数少ないというのが現状です。私が買ってもいいと思うファンドは212ページから詳しく紹介しました。

また、私が今述べた戦略と似て非なる戦略が「インデックスの投資信託を毎月積み立てていく」というものです。

これは、よく推奨されている投資法なのですが、2章でさんざん述べたように、日本株においてはこの投資法はお勧めできません。

成熟化した経済の中では、インデックス投資は良い銘柄もダメな銘柄も一緒くたに買っていくことになってしまい、投資資金の多くをダメな大企業に注ぐことになってしまうからです。

間違いや状況の変化に気づいたら、躊躇なく損切りする

良いと思って買った銘柄でも、判断を間違うことはあります。だからこそ銘柄分散をするわけですが、実際に買った理由が間違っていたか、状況が変化してしまったことが分かったら、速やかに損切りをするべきです。**投資で成功している人たちは皆、自分の間違いに気づいたら潔く損切りできる人たちです。**保有理由が間違っていた銘柄、保有理由を失った銘柄を保有し続けることは、非常に危険です。

特にある程度上昇した後に株価トレンドが崩れてきているような銘柄の場合、数分の1に下落してしまうこともよくあることです。何の見通しもなくなった状態で株を保有し続けることは非常に危険なことです。

「買った理由が間違っていた」というのは、思ったよりもその企業の強みが強固なものでなくて他に真似され始めてきているとか、思ったより消費者に浸透しないとか、ある程

度売上は拡大したけど利益が伸びないとか、さまざまな形がありえます。どんな形であれ、自分の考えていたイメージとはちがっているなと気付いたら、投資方針を考え直すべきです。

状況が変化してしまうというのは、不慮の事故で経営戦略の大きな変更を迫られるとか、強いリーダーシップを発揮していた経営者が亡くなってしまうなどのことが考えられます。こうした場合にも、自分のシナリオに狂いが生じてきているわけですから、戦略を見直す必要があります。

もともと分散投資していれば、1銘柄で失敗した場合でも損失がだいぶ限定されますので、損切りもそれほど苦痛ではないと思います。

もし集中投資をしてそれが失敗すると、損失額も大きくなってしまうので、損切りをするのがかなり難しくなります。このように、損切り処理のしやすさという観点からも、最初から分散投資を行なうことに意味があるのです。

現金や預金の危険性――政府の三度目の踏み倒しはあるか

以上リスクとの付き合い方について述べてきましたが、このようにリスクの話をしだすと、「やっぱり、リスクが怖いから自分には株式投資は無理だ」と思われる方が必ず出てきます。

しかし、残念ながら、預金や現金の形で資産を守ろうとしても、リスクから100％逃れることはできません。それどころか、最近は現金や預金のままにしておくことの危険性も高まっているように思われます。

今、日本政府はGDPの約2倍となる1000兆円近い借金を背負っています。これは世界的に見ても歴史的に見ても、異常に高い水準で、戦時中に匹敵するような水準でもあります。

歴史を振り返ると、国が大きな借金を背負った場合、最終的にはデフォルト（債務不履行）に陥るか、高いインフレが起こるケースが多いです。

高いインフレは、国がお札を刷りまくるなどして意図的に起こすことができます。もしそうしたことが起こると、現金の価値が大きく下がるとともに、借金の実質的な負担も同じように大きく減じることになります。

たとえば、物価が2倍になれば、現金の価値（＝購買能力）は2分の1になります。100万円分の国債を保有している人は、償還時に100万円が戻ってきても、その実質的な価値は半分になってしまいます。その一方、国の返済負担は実質的に半分になることになります。これもある意味、国家による借金の踏み倒しということになります。

日本の歴史を振り返ると、このような国家による実質的な借金の踏み倒しは、過去に2回起きました。

一度は明治維新の時です。この時の明治政府は江戸幕府から多額の借金を引き継ぎますが、明治政府は金利を大幅にカットしたり、償還期限を大幅に延長したりしました。今の言葉でいうとリスケジュール（返済条件の見直し）ですが、デフォルト（債務不履行）の一種とも言えます。そして、その後インフレとなり通貨価値が大きく下がったために、政府は事実上借金を踏み倒したと言える状況になりました。

二度目は、第二次世界大戦の後です。戦後、物価は数年で100倍近くに上昇しました。ということは、現金や預金や国債などの価値は実質的に100分の1になってしまったわけです。政府は高いインフレ状況を放置し、事実上借金を踏み倒したといえます。こう見てくると、**政府による「3回目の踏み倒し」**もあながちありえない話ではないかもしれません。

こうしたことは、**日本だけでなく、過去何百年もの国家債務の歴史中で、先進国においても比較的頻繁に起きていることです。**

終戦直後のインフレ期の後は、日本の物価は比較的安定した状態が続いていました。1970年代に年率10％を超えるようなインフレ期もありましたが、金利もそれなりに高く、金融資産の目減りはそれほど大きくありませんでした。つまり、日本では半世紀近く、現金や預金や国債が、貯蓄手段として安定感を維持し、そのために国民がそうした貯蓄手段を非常に信頼する状態になっているのです。日本国民は貯蓄好きだと言われますし、実際に金融資産を貯金にしている比率は非常に高いものがあります。

しかし、歴史を振り返れば、状況はいつでも突然変わり始めるものです。気付いた時には、もう遅かったということになりかねません。

実は、株式はとてもインフレに強い資産です。

インフレを考慮した実質的な資産価値の推移を見ると、株式は歴史的にみて、あらゆる資産の中で最も安定して高いパフォーマンスを挙げてきていることがわかります。そうした意味でも、資産の一部を株式運用に回すことの意義があります。少なくとも、**何の危機**

感もなく全財産を預金にし続けることは、将来設計上はリスクが高いと思います。

リスクに備える意味でも、リスクに慣れる意味でも、これからの資産運用では株式投資を取り込むべきです。

5章

グローバルデフレに突入！今後の世界経済と日本株はこうなる！

アブダビ、ノルウェー……巨額な資金を持つ国家ファンドが日本株を買っている！

株式市場では、きちんと探せばいくらでも良い銘柄を見つけることができるものですし、正しい投資の考え方を身につければ相場変動も恐れることはありません。そうしたことを前章まででご理解いただけたかと思います。

もちろん、「それでもやはり今の日本経済や日本株には強気になれない」という人も多いことでしょう。しかし、実は私だけでなく、有力な外国人投資家の多くが、日本株を積極的に買う姿勢を見せています。その具体例をご紹介したいと思います。

世界最大規模の資産を動かす投資家をご存じでしょうか。

それはアラブ首長国連邦のアブダビ投資庁です。さらに2位はノルウェー政府年金基金、3位はシンガポール投資公社という、政府系の投資ファンドが上位を占めています。実はその世界1位のファンドの運用責任者と、2位のファンドの運用責任者は、ともに日本株に注目しているのです。

アブダビ投資庁はアラブ首長国連邦の国家ファンドであり、２０１１年現在約70兆円もの資金を運用しています。

そのＣＩＯ（最高投資責任者）のジョージ・スダスキスさんとお会いする機会があり、じっくりお話ししたのですが、彼は日本のことを大変評価しており、中長期的に日本株を買い増していきたいと話をしていました。

スダスキスさんは、日本に関して「食事がうまい、水もうまい、四季もある。ウチの国にはないものばかり」と文化や風土を絶賛し、さらに「高い技術力もあるし、お金もたくさんある」と経済的な潜在性も高く評価していました。

彼は70兆円という巨大ファンドの運用責任者として世界各国を投資対象としてウォッチし続けており、日本のこともかなり熱心に研究しています。

「日本には今、ソーショクメイル（草食男子）が増えているそうじゃないか！」と言われたときには、そんなことまで知っているんだなとびっくりしました。

彼は「もっと日本人はニクショク（肉食）系になって、世界中に物を売ってまわらないとダメだ。日本人さえやる気になれば、日本の製品は世界中で売れるのに。日本人に足りないのは、やる気だ！」と言います。

たとえば、アラブ首長国連邦では今、自然エネルギーを駆使した未来都市を建設する「マスダール計画」が進行中ですが、この数十兆円規模ともいわれる巨大国家プロジェクトに対してフランス、ドイツ、米国、韓国などは大統領や閣僚級の人たちが頻繁に自国の技術を売り込みにきているとのこと。

それに対して、「日本はほとんど来ない。何をしているのか」と残念そうです。

この彼が高く評価しているのは、ユニクロを世界展開するファーストリテイリングの柳井正社長です。

「ミスター柳井はニクショク系ですね」と彼が言うように、ユニクロはニューヨーク、ロンドン、上海、モスクワ、クアラルンプールなど次々と海外で開店し、かなり意欲的に世界展開を進めています。

中でもパリ・オペラ店のオープン時には400人以上の行列ができ、今でもパリの人たちからは熱烈に支持されているとのこと。フランス人である彼が言うのですから、ブームではなく、地元に根付いた人気なのでしょう。

彼の話からは、もっとグローバル展開をする会社が増えれば、もっと日本株を買いたいという気持ちがにじみ出ていました。

「日本は必ず復活する」という世界第2位ファンド運用者の言葉

さらに、国家ファンドとして世界2位で約45兆円の資金を運用するノルウェー政府年金基金も、同様に日本株への投資に積極的な姿勢を見せています。同基金はすでに日本株に３兆円近く投資していますが、この基金を運用するノルウェー中銀インベストメント・マネジメントのＣＥＯ（最高経営責任者）であるイングヴ・シュリングスタさんは、日本株投資をさらに増額したいとマスコミを通じて言っているくらいです。

シュリングスタさんは2年間日本に留学した経験もあるという筋金入りの日本通です。若いころに4年かけて世界中をバックパッカーとして旅したシュリングスタさんは、世界の国々を見る中で日本の特異性に衝撃を受け、留学することを望んだというのです。

彼やノルウェーのファンドの幹部とは、さまざまな話をしているのですが、彼が衝撃を受けたという日本の特異性とは、言葉も文化もきわめて複雑な点です。日本語は、ひらがな、カタカナ、漢字と3種類の文字が複雑に絡まりあいながら成り立っています。

シュリングスタさんは日本人に尊敬の念を込めて「３Ｄの言語（３次元の言語）を操る

国民だ」と言い、「日本がこれまで自動車や電機の分野で最先端の技術や製品を生み出してきたのは、複雑な言語を操る能力と関係があるのではないか」と独自の考えを披露してくれました。

そして、「日本は必ず復活する、そして、その高い潜在能力を再び発揮するはずだ」と、日本株への投資を続けているということです。

このように日本の文化を深く理解している人が、世界で第2位の投資ファンドのCEOであり、日本を評価してくれているというのは、日本人としては頼もしいところです。

世界の長期投資家が日本に強気な3つの理由

このふたりのほかに、私が世界中のさまざまな投資家と意見交換してきた感触としては、日本人自身が日本株に対して悲観的なのに対して、外国人投資家による日本株の評価は高いということです。

もちろん、全ての外国人投資家が日本に対して楽観的なわけではありません。外資系金融機関の間で、日本株投資からの撤退、日本での事業規模を縮小するという動きが出ていることも事実です。

しかし、どちらかというと、現時点で日本に対して悲観的なのはヘッジファンドなど短期売買をしている外国人投資家であって、**長期投資をしている外国人投資家たちの日本株への評価は総じて高いように思いますし**、私自身、今後の日本株には大きな可能性があると判断しています。

その主な理由は、

- **世界経済が再び成長トレンドに入っている（世界経済のトレンド）**
- **日本は世界経済の成長に上手く乗れる潜在性がある（日本の実力）**
- **株価が歴史的な割安水準に放置されている（株価の割安さ）**

という3つです。

世界経済にも、日本経済にも、今さまざまな問題があることは確かです。

世界経済には、欧州などの先進国では国家債務の問題が、中国など新興国ではインフレやバブルの懸念がくすぶり続けています。そして、そうした問題が折に触れ表面化して、世界の金融マーケットを揺さぶっています。

また、日本経済も、GDPの2倍にも及ぶ国家債務の問題に加え、少子高齢化の進展、大企業のトラブルの多発、デフレや円高など懸念材料は尽きません。

しかし、世界経済にはこれらのマイナス面を跳ねのけるほどの成長トレンドが生まれてきていますし、**日本企業は20年間の低迷期の中で企業体質が強化され、今後、世界経済の成長に乗って成長する企業がたくさん現れうる状況になってきています。**

そのことを理解していただくために、「世界経済のトレンド」、「日本の実力」、「株価の割安さ」という3つの理由について詳しくみていくことにしましょう。

2012年以降の世界経済、5つのトレンドとは

投資をするうえで大切なのが、今後の世界経済の動向を知っておくことです。今、世界経済の大きなトレンドとは次の5つに代表されるのではないでしょうか。それは、

①IT革命の加速
②新エネルギー革命の本格化

③新興国経済の勃興
④グローバルデフレ
⑤所有から利用へ

です。

これらのトレンドは、今すでに起こり始めており、今後当面続くと思われるものです。

このうち、①のＩＴ革命と②新エネルギー革命、③新興国経済の勃興については、すでに多くの人に言い尽くされ新鮮味に欠けると思われるかもしれません。あるいは、そうしたことはすでに市場に織り込まれ、むしろバブルの反動について心配している人もいるかもしれません。

しかし、今から述べるように、この3つのトレンドは今後一段と加速し、それによって世界経済はかなり強い成長トレンドが続くのではないかと思われます。
④のグローバルデフレと⑤所有から利用へという2つのトレンドについては、どちらかというとネガティブな要素になります。これらは主に先進国におけるトレンドですが、日本に続いて欧米各国が、国家債務が膨らむ中で成長力が衰え、経済がデフレ化していくという流れです。そして、そうした中で、人々はモノをできるだけ所有しないようになり、

レンタルやリサイクルの利用が増えていくという動きです。

以上のことをトータルして結論を述べれば、**世界経済のトレンドには、新興国がけん引する強い成長トレンドと、先進国が陥りつつあるデフレという2面性を持つ、ということになります。**

そうした中では、経済は単純な右肩上がりにはならず、勝ち組と負け組の二極化も進むことになります。そして、成長する世界経済の中で、旧来型の大企業の中には衰退が進んでいくところもでてきます。つまり、**日本がこの20年間経験してきたことが、先進国において現れてくるのです。**

そのために、インデックス投資という単純な戦略は、先進国株においてはますます有効性が低くなり、「世界経済の成長が盛り上がった割には、インデックス投資はみすぼらしい成果しか上がらない」という結果になる可能性が高いと思います。

その一方で、投資の本質と世界経済のトレンドをきちんとわきまえて投資すれば、ここからは非常に大きな投資成果を期待できるということです。

ですから、ぜひ、ここから述べる世界経済の5つのトレンドの話をよくご理解いただき、今後の投資に役立てていただきたいと思います。

世界経済のトレンド①
ＩＴ革命のさらなる進展

ＩＴ革命についてはここ十数年来言われてきたことですし、２０００年前後には株式市場でＩＴバブル相場が起こり、それが崩壊したという経緯があります。ですから「今さらＩＴ革命と言われてもピンと来ないなあ」と思う人も多いでしょう。

しかし、ＩＴ革命が実態を伴って私たちの生活を変え始めたのはここ数年のことですし、ＩＴ革命が経済成長という形になって表れてくるのは、ここからが本番だと言えます。

そのことは、私たちの生活を振り返れば明らかです。２００２年ころからあっという間にブロードバンドが普及して、今では光回線でサクサクと快適にネットサービスが利用できるようになっていますし、今後1～2年のうちにモバイル機器でも光回線並みの速さでインターネットができるようになるでしょう。

それと並行して、スマートフォンやタブレットＰＣなどの情報端末が広まり始めています。米国ガートナー社によるとスマートフォンは２０１１年は世界で約4億７０００万台とパソコンの出荷台数を抜き、２０１５年にはその2倍以上の11億７０００万台前後まで伸びそうだということです。日本だけ見ても、２０１１年度には約２０００万台と、販売される携帯電話の2台に1台がスマートフォンという状況になる見込みです。

スマートフォンより少し大きい画面のタブレットＰＣはｉＰａｄが火付け役となり、世界の出荷台数は２０１１年に前年比３・５倍の７２７０万台、17年には3億８３３０万台に（米国ディスプレイサーチ）、日本でも２０１１年度に96万台、13年度には６０２万台（矢野経済研究所）になる見通しです。

このように高速の回線と高機能な機器が普及することで、音楽、動画、電子書籍、ゲーム、ショッピング、金融などのサービスが一段と高度化して広まっていくことでしょう。

さらに、クラウドサービスやＳＮＳなど新しいサービスも急拡大しています。従来は、データやアプリケーションソフトは自分のパソコンに取り込んで利用・管理するものでしたが、それらを外部で管理されたサーバー上に保管し、使用する都度オンラインで呼び出す形にするのがクラウドサービスです。今、ビジネスマンの間では、ＤＲＯＰＢＯＸやＳｕｇａｒＳｙｎｃなどのクラウドサービスを利用するのが常識になってきています。

そして、今後は音楽、映画、ゲームなどもクラウド化していくと思われます。また、企業もコストの安さや、機器類の故障によるデータ紛失を避けるなど安全上の理由でクラウドサービスの利用が拡大しているところです。

SNSは、ミクシィ、フェイスブック、ツイッターのように、人と人を結びつける新しいコミュニケーションのサービスです。趣味、仕事、子育てなど同じ目的や趣向を持った人たちが集まり、新しい仲間を増やしたり親交を深めたりしています。

2010年から2011年にかけてチュニジアで起きたジャスミン革命は、エジプト、リビアなどにも飛び火して長年続いた独裁政権が次々倒れていきましたが、こうした改革への流れは、フェイスブックで人々が結びつき情報交換することで生まれたと言われています。情報が誰にでも公平にフラットに行きわたり、多くの人々を結びつけられるというSNSの特長がよく発揮された事例です。

また、東日本大震災の際には、ツイッターによって支援の輪が広がったり、安否確認がされたり、避難生活に際しての有効な情報が広まることに役立ちました。

今後は、高速回線やスマートフォン・タブレットPCなどの機器が世界中に広まり、さらに、家電、自動車などあらゆるものがインターネットに接続されるようになるでしょう。そして、間違いなく、新しいサービスやビジネスがさらに生み出されていくことでしょう。

今後10年、20年と、IT革命は世界経済の成長の大きなエンジンであり続けるのは間違いありません。

世界経済のトレンド②
新エネルギー革命の本格化

新エネルギー革命は、「まさに今起こりつつある」と多くの人が実感を持てる状況でしょう。電気自動車や太陽光発電や風力発電がついに普及期に入り始めているからです。

トヨタ自動車がリード役となって普及したハイブリッドカーに続き、電気自動車も日産自動車の「リーフ」が価格面で３００万円台になり（11年8月現在）、補助金、税制優遇、購入後の石油代の節約分を考え合わせると、採算面で十分に従来の自動車に対抗し得る選択肢になってきました。あともう少し価格の低下とインフラ整備が必要でしょうが、電気自動車が当たり前のように街を走る時代がすぐそこまで来ました。世界的な需要の大きさを考えると、電気自動車関連ビジネスはかなり有望に思われます。

太陽光発電は、電力の全量定額買い取りの制度が欧州で導入されて、スペインを中心に太陽光発電バブルといえるほどの投資ブームを巻き起こしました。こうした動きによって、太陽光発電が爆発的に普及していきました。また、米国や中国でも、政策的な後押しがあり、太陽光発電や風力発電が急速に拡大しているところです。

２０１２年現在は、欧州の太陽光発電バブルの反動が出て、業界全体が一時的に停滞していますが、ＩＴ革命が紆余曲折ありながらもずっと進展してきたように、自然エネルギー革命もここから10年、20年という単位で進み、私たちの社会や生活を今後大きく変えることになると思います。

世界経済のトレンド③ 新興国経済の勃興

新興国の台頭については、疑いようのない歴史的トレンドになってきています。ゴールドマン・サックス証券が提唱したＢＲＩＣｓという言葉はあまりにも有名になりましたが、ブラジル、ロシア、インド、中国という4カ国を示すもので、この4カ国が今後世界経済の中で大きなシェアを占めるようになるということを主張するために作られた言葉です。

特に注目される中国のＧＤＰは２０１０年に6兆ドル弱まで成長していますが、２０５０年に71兆ドルになると同証券は予測しています。その他、２０５０年までにインドは38

兆ドル、ブラジル11兆ドル、ロシアが9兆ドル前後になるという予測です。2011年現在の日本のGDPは約5・5兆ドル、米国のGDPでも14・6兆ドルですので、それと比べても、いかに中国やインドの存在感が増していくのかが感じられます。

先ほど挙げたファーストリテイリングにしろ、ユニ・チャームにしろ、伸びている企業は海外展開を行なっており、中でもBRICsでうまく展開している企業が多いです。その他、中国での化粧品シェアナンバー1の資生堂や、インドの自動車市場において子会社が4割のシェアを持つスズキ（7269）なども注目されます。

また、米国のモルガン・スタンレー社によると、今後、世界のインフラ需要は年間140兆円にも及ぶといいます。こうした中で、日本は特に、発電や鉄道、さらに水道関連において高い技術やノウハウを持っており、世界中で売上を伸ばせる可能性があります。政府もこの状況を日本経済復活の大きなチャンスととらえており、成長戦略の中で07年に1・5兆円程度だった海外インフラ輸出を20年に19・7兆円と増加させるという目標を掲げています。

そして、新興国が経済成長するに伴って、そこに住む人たちの間で富裕者層や中間所得者層が急速に増加しています。野村総研の試算によると、新興国で08年に1億人程度だった年収1万ドル世帯が、20年には5億人程度を見込んでいます。

新興国では世帯所得1万ドルを超えると、家電や自動車などへの支出が増加することが知られています。こうした流れの中で、高機能・高品質な日本製品に対する世界的なニーズは今後ますます高まることが予想されるのです。

中国や韓国から日本への観光客が増加しているのはその表れと言えるでしょう。東日本大震災の影響で一時的に落ち込んでいますが、おそらくこの流れは中長期的にますます強まっていくと思われます。特に日本に観光に来た中国人観光客は、家電量販店やドラッグストアなどで、家電製品や医薬品をたくさん買い込んで帰る姿が目立ちます。それだけ、日本製品へのニーズが高いことの表れだといえます。

世界経済のトレンド④ グローバルデフレ

私は、「今後世界の経済が日本化していく」と予想しています。

日本はこの20年間で国家債務を膨らませ、その結果として低い経済成長とデフレの状況に陥りました。経済学における研究では、国家債務がＧＤＰくらいの水準まで膨らむと、その国の経済成長率が低くなることが知られています。

今、日本以外の欧米先進国が、日本と同じように国家債務を膨らませ、その水準は軒並みＧＤＰ並みかそれ以上の状態になっています。

そのため、**今後は日本以外の先進国が、日本のように低成長でデフレの状態に陥っていく可能性が高いと思います**。こうした動きは専門家の間で「グローバルジャパナイゼーション（世界の日本化）」と呼ばれています。

また、国家債務の問題に加え、新興国から安い労働力がどんどん供給されることで、工業品を中心としたデフレが一段と進むという側面もあります。

世界経済全体を見ると、先進国以外の国々の高い成長や、ＩＴ、新エネルギー分野の成長に支えられ高い成長トレンドになると予想される一方で、先進国自体は低成長でデフレの状況になる可能性があるということで、状況はやや複雑な様相を呈しています。私の結論としては、**世界経済全体として、高い成長とデフレが併存する状況になるのだろうと思います**。

そうした中で、先進国の企業でも、新興国やデフレへの対応に成功する企業は、大きく業績を伸ばしていくことでしょう。一方、新興国やデフレへの対応ができなかった企業は

図5-1　長期でみれば右肩上がりのチャート

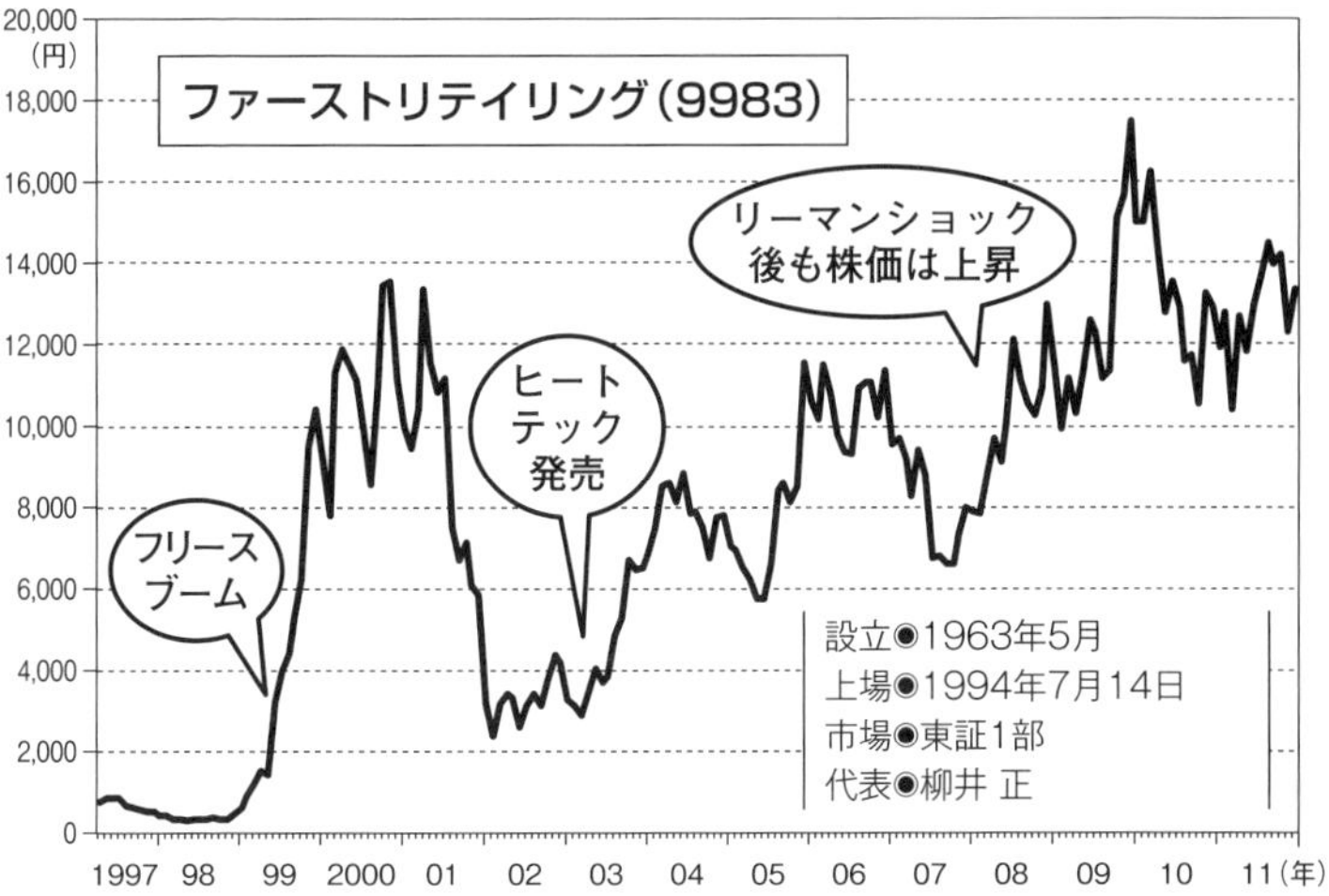

没落していくことになりそうです。

そうした意味では、日本は〝デフレ先進国〟であり、ファーストリテイリング、ニトリ、ヤマダ電機、サイゼリヤをはじめとして、デフレ対応が進み、デフレの中で売上と利益を伸ばすノウハウに長けている企業が多くあります。

そして、これらの会社は私が投資して成功してきた銘柄群でもあります。

今後グローバルデフレの波の中で日本から世界へ活躍の場を広げ、一段と飛躍していく企業がたくさん出てくることでしょう。

世界経済のトレンド⑤
所有から利用への流れが強まる

世界的にデフレが進む中で、世界の人々はより低価格なものを求めるだけでなく、「所有から利用へ」とライフスタイルそのものを変える傾向が強まっています。これまで自動車や家をはじめ、所有することに価値がおかれる傾向がありましたが、レンタルや、リサイクルや、シェアリングこそ賢くてカッコイイという価値観が強まっているのです。

レンタル、リサイクル、シェアリングにすればコストが安く抑えられることはもちろん、資源の利用やごみの排出を抑制することにつながるため環境にも優しいということになります。

その点日本では歴史的、文化的に「もったいない思想」が根付いており、リサイクルや節約のノウハウ・技術も高いものがあります。

今後、レンタル、リサイクル、シェアリングに関連したビジネスが世界的に伸びると予想されますが、そうした中で日本の強みを生かして活躍する企業も増えることでしょう。

日本は海外のトレンドを上手く取り入れて改良し、成長・発展してきた

以上、世界経済の5つのトレンドのうち、ＩＴ、新エネルギー、新興国の3つのトレンドについては、今のところ海外勢にリードされ、牛耳られている感があります。

今のところＩＴの流れをリードしているのは、アップル、フェイスブック、グーグル、ツイッターなどいずれも米国企業ですし、新エネルギー革命の流れについては、太陽光発電や風力発電の普及、そして、そのための制度づくりにおいて欧州が先行しています。また、新興国市場でのビジネスの展開も日本は欧米勢や韓国などに対して後れを取っているのが現状です。

このような状況で、本当に日本株に投資チャンスを見出すことはできるのでしょうか。

私の答えは「できる」ということですが、その理由として「日本人の潜在性の高さ」が挙げられます。今度はこのポイントについて説明します。

まず私が指摘したいのは、そもそも、日本人は歴史的に見て、海外で生まれた新しい流

れを上手く取り入れて、それにコツコツ改良を加えて洗練させ、高度な技術・ノウハウ・文化を生み出すということを繰り返してきたということです。

たとえば、稲作は紀元前5世紀ころには中国や韓国から伝わったと言われていますが、その後も稲作は日本社会の中で脈々と発展を続け、現在では日本のお米は世界最高ともいえる品質を誇るようになっています。現在日本米は中国米の10倍以上の値段がするにもかかわらず、中国の富裕層や中間層から大きな支持を集めて、贈り物の定番の一つにもなっています。規制や保護政策などを改善して、価格競争力をつければ、日本のお米は世界的にもっと販売拡大する可能性があると、私は思っています。

漢字も中国から取り入れたものですが、日本人はそこからひらがなやカタカナを生み出し、複雑で繊細で表現力豊かな言語文化を作り出しました。それが、11世紀ころには、世界初と言われ、いまだに世界の文学界からも評価の高い源氏物語という大河小説を生み出したり、逆に世界最短文学と言われ海外でも愛好者の多い俳句を生み出しているわけです。

そしてここ近年では、機械、電気、鉄道、自動車、家電製品、テレビゲームなど、海外で生まれたあらゆる最新トレンドを日本人は面白がりながら積極的に取り入れて、それに改良を加えて、世界最高品質の製品を作り上げ、逆に世界に売って発展してきました。

日本人はいつも後から参入して、やがて先頭にたつ

日産自動車（７２０１）のＣＥＯであるカルロス・ゴーンさんは、10年以上日産改革に取り組みながら日本人の従業員や関係者と真剣に向き合ってきましたが、その結論として「日本人は継続的改善の天才だ」と言っています。これは、コツコツと日々改良を重ね、やがて世界最高水準の品質を作り出す天才だという意味です。

そして、ゴーンさんは、新興国への進出やさまざまな新潮流において日本が遅れていることについて、「日本は必ずしも真っ先には動かないが、必ず追いついてくる」と言っています。日本人は、勤勉で協調性があり、一度方向性が見出されると、その方向に向かう推進力が極めて高い、というのがゴーンさんの日本人に対する評価なのです。

実際にゴーンさんが率いる日産自動車は、新興国でのシェアを着実に高めています。

今や世界一の規模になった中国の自動車市場では、ドイツ、アメリカ、韓国の自動車メーカーがいち早く展開して高いシェアを握っていますが、日産自動車は徐々にシェアを伸ばし、２０１１年上期の段階では６％台に乗せて４位につけてきました。これで日産自動

図5-2 今や、新興国での成長が加速

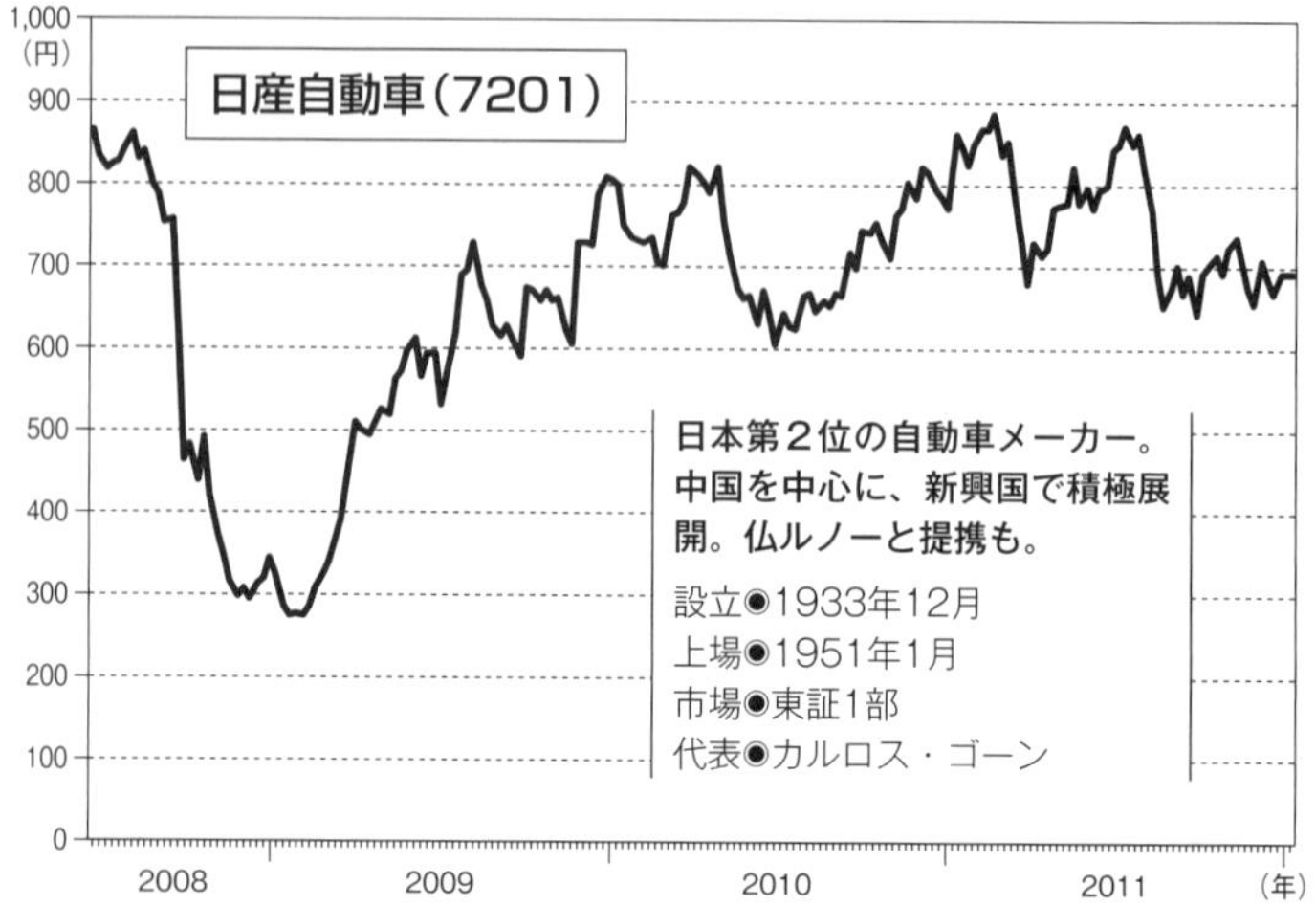

車は日本勢ではトップに立ち、先行するGM（2011年上期シェア10％）や現代自動車（同9％）の背中も見えてきました。

日産自動車は今後さらに、中国を中心として新興国での成長戦略を加速し、2010年度の段階で約400万台の世界販売台数を2016年度に700万台以上にしようという中期経営計画を発表しました。日産自動車はこれまで新興国攻略のために低価格車、エコカー、新興国向けのデザイン、ブランド力などをコツコツと強化してきましたが、その力を一気に発揮する時が来たという判断のようです。

この日産自動車だけでなく、他の自動

車メーカーも、家電メーカーも、日用品メーカーも、食品メーカーも、日本企業の多くは本来世界で通用する高い品質を持っていますので、あとは新興国攻略のためにコツコツ努力を積み重ねていくことを続ければ、世界展開で成功する企業が多く出現してくるのではないでしょうか。特にトヨタは強い潜在能力を持っている日本を代表する企業ですので、今後の再攻勢には期待したいところです。

日本人はITトレンドも上手にアレンジして使いこなしている

ＩＴ分野でも、日本が着実にキャッチアップする動きが見られます。たとえば、ブロードバンドの普及も当初こそ遅れたものの、２００３年ころからソフトバンクが社運をかけてヤフーＢＢの拡大戦略を行ない、それに刺激をうけたＮＴＴもブロードバンドの拡大にかじを切り、今では最先端を行くブロードバンド先進国になりました。さらに、今日本はモバイルインターネットでも世界最先端の通信網を構築しています。

スマートフォンやタブレットＰＣについても、日本は米国の後を追いながらも、猛スピードで普及拡大しているところです。先ほども見たように、２０１１年度の国内の携帯電話出荷台数の半分はスマートフォンになり、２～３年以内には国内で使用される携帯の大半がスマートフォンとなって、その普及率はトップレベルになると思われます。一度方向性が見出されると、その方向に向かい高い推進力を見せるという日本人の特性が、最新のＩＴトレンドでも発揮されています。

ヤフーなども米国で生まれましたが、ひとたび日本に入ってくると独自の進歩を遂げ、世界のヤフーの中で最も発展しましたし、ツイッターも日本における普及度や使用の習熟度は世界的にもかなり高いと言われています。

ツイッターを見出したデジタルガレージ

そのツイッター社をかなり早い段階から見出して投資し、そのビジネスの育成にも関わってきたのが日本のデジタルガレージ（４８１９）です。日本のツイッターの展開はデジタルガレージが全面的に主導しており、日本が世界的に見てもツイッターが盛んになって

図5-3　ツイッター社への投資で一躍有名に！

いるのは同社の戦略の上手さによるとも言われています。現在ではツイッター関連事業が同社の柱の一つになっており、企業や政府・自治体などのツイッター戦略のコンサルティングの仕事が増えています。

同社は、価格比較サイトのカカクコムなども早い段階から見出して出資して育てたことで有名で、インターネット業界の目利きとしての評価が高い会社です。

ツイッター社への投資の成功で自信を得た同社の林郁社長は、「ソーシャルメディアとスマート端末の波は当分続く。思い切ってかじを切った」といい、２０１１年以降はＳＮＳ関連ベンチャー企業のインキュベーション事業を柱の一つとして力を入れるようになりました。すでに、フェイスブックの元幹部などが創業した新タイプのＳＮＳであるパス社や、グーグル、ヤフーの中核だった技術者らが創業した次世代ネット広告技術開発の米国コンテクストロジック社などに出資しています。さらに、世界的に利用拡大しているビジネス向け交流サイト大手のリンクトイン（米国）と事業提携して、日本での事業展開をすることも決まっています。こうした案件の中からツイッターに続く成功例が出てくるかもしれません。

ソーシャルゲームの世界的覇者を目指す ディー・エヌ・エーとグリー

最新のＩＴトレンドの中で、日本企業が世界の業界標準を握る可能性のある事例も出てきました。それは、ソーシャルゲームで急成長するディー・エヌ・エー（２４３２）とグリー（３６３２）です。

ソーシャルゲームとはＳＮＳサービスの一つで、ネット上で他の参加者と交流しながら進めるゲームのことです。携帯電話を使って、無料で始められることで人気が高まっています。ゲームを進める中で、参加者がゲーム内のアイテムなどを希望に応じて購入し、そ

図5-4 SNSで伸びる２社のチャート

4,500
(円)
4,000
3,500
3,000
2,500
2,000
1,500
1,000
500
0
ディー・エヌ・エー(2432)
設立◉1999年8月
上場◉2005年2月16日
市場◉東証1部
代表◉守安 功
プロ野球
経営にも参入。
日本を代表する
ＩＴ企業へ躍進
2008
2009
2010
2011
(年)

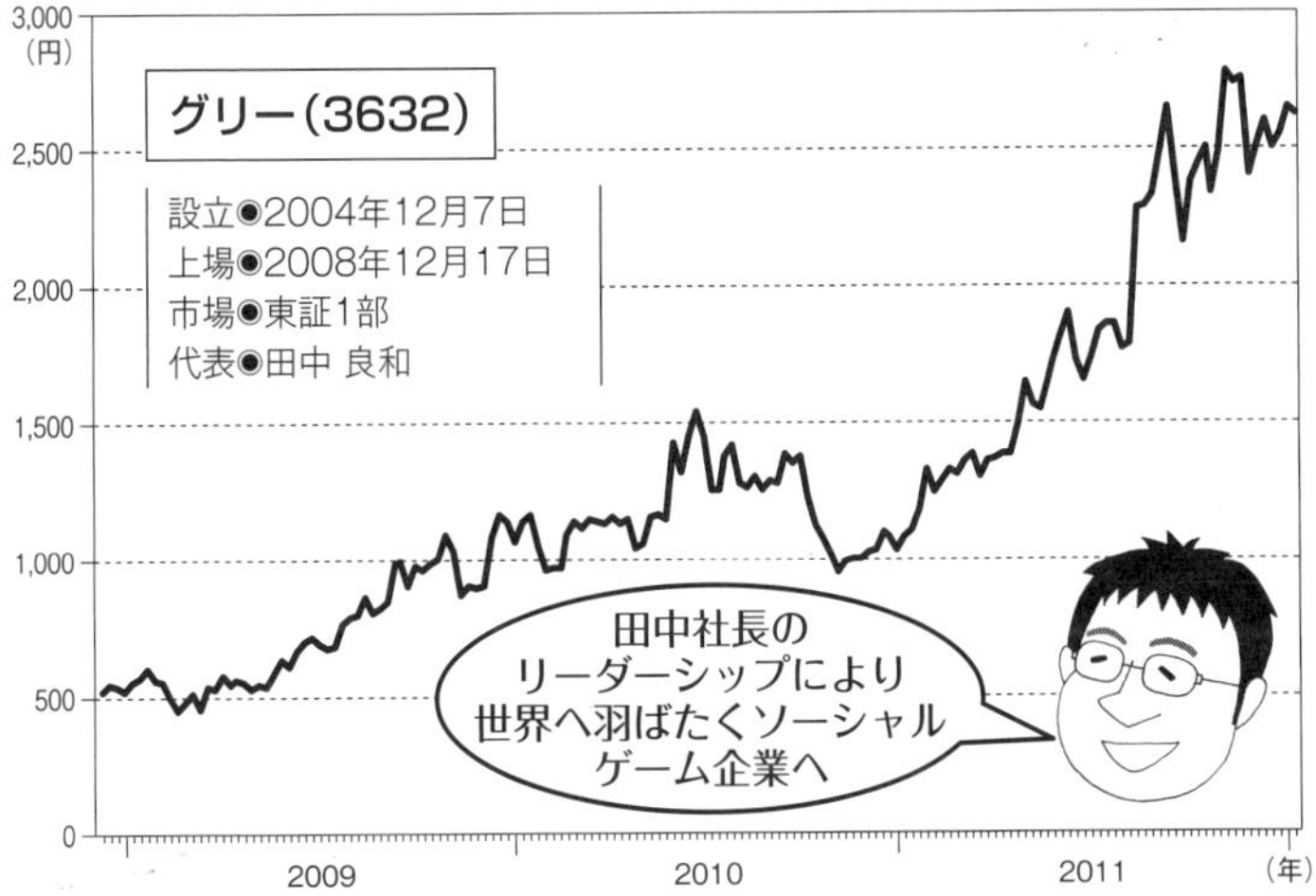
3,000
(円)
2,500
2,000
1,500
1,000
500
0
グリー(3632)
設立◉2004年12月7日
上場◉2008年12月17日
市場◉東証1部
代表◉田中 良和
田中社長の
リーダーシップにより
世界へ羽ばたくソーシャル
ゲーム企業へ
2009
2010
2011
(年)

れによって会社側が儲ける仕組みです。こうした課金ユーザーは全体の約1割程度で、9割程度の人は無料のままゲームを楽しみます。

このように、無料でスタートできる「フリーミアム」と呼ばれるシステムは、2万〜3万円出して専用ゲーム機を買って、数千円のパッケージソフトを買ってからスタートする従来のゲームとは180度異なるビジネスモデルです。

2011年8月現在、このソーシャルゲームの分野ではアメリカのジンガ社が会員数数億人と言われ圧倒的な世界のトップです。それに対して、ディー・エヌ・エーやグリーはともに日本国内で3000万人程度の会員数とジンガに大きく水をあけられています。しかし、両社とも国内で培われた強いビジネスモデルで高い収益力を誇り、直近年の実績ではジンガの純利益が約20億円（2010年12月期）であるのに対して、ディー・エヌ・エーは316億円（2011年3月期）、グリーは182億円（2011年6月期）と、日本の両社が世界最大手企業を圧倒しているのです。ディー・エヌ・エーとグリーはこの高い収益力による資金力をもって、ここ最近買収や提携などにより海外戦略を加速させています。

さらに、コナミ、バンダイナムコ、カプコン、コーエーテクモなど国内の大手ゲームソフトメーカーも、新たなビジネスチャンスが到来したと考えて、両社向けのゲーム開発を拡大していますし、両社向けにゲーム開発を手がけるベンチャー企業も続々誕生し、すでに上場を果たす会社も出てきています。

優れたプラットフォームに、順調に拡大する会員数、そして、優良コンテンツも続々集まる生態系ができつつあり、専用ゲーム機で任天堂やソニーが世界標準を握ったように、ディー・エヌ・エーやグリーがソーシャルゲームの世界標準を握る可能性が出てきています。

新エネルギーの分野でも、本格展開が始まりそう

新エネルギーの分野で日本は、太陽電池に使う部材や製造装置で依然として高いシェアを握っていますし、電気を効率良く使うために必要な大容量蓄電池も世界を大きくリードしています。このように、必要な技術要素は揃っているのです。

日本の問題点は、太陽光発電などの新エネルギーを普及させる仕組みがなかったことです。しかし、日本はこの分野でも遅ればせながらようやく本格的な動きが出始めてきました。２００９年11月から、一般家庭の太陽光発電の余剰電力の買い取り額をそれまでの２

倍にしたことで、ソーラーパネルの一般家庭への普及が一気に加速しました。さらに、2011年8月には「再生可能エネルギー支援法案」が成立し、大規模な事業者を含めて太陽光発電による電力の全量を電力会社が定額で買い取ることになりました。これによって、メガソーラーの建設も大きく促される条件が整ってきました。さらに、東日本大震災の被災地復興のために制定される復興特区では、大胆な規制緩和や税制優遇なども行なわれ、新エネルギーに関する産業が大きく盛り上がると思われます。

その具体的な動きとして、私がワタミ会長の渡邉美樹さんらとお伝いしている陸前高田市の復興計画をご紹介したいと思います。

この計画は陸前高田市が大船渡市や住田町と連携して、環境配慮型の未来都市を作ろうというものです。11年秋の段階の計画では、まず、陸前高田市に年間200メガワットと世界最大級のメガソーラーを建設し、世界で初めて600メガワット級という巨大な定置型の蓄電池を設置して、発電した電力を3市でうまくマネジメントして効率よく使おうという概要になっています。

この計画では、定置型蓄電池の工場も建設する予定です。定置型の大容量電池については、今、日本ガイシ（5333）が開発して製造するNAS電池（ナトリウムと硫黄の化学反応によって充放電をくり返す電池）が量産され始め、風力発電やメガソーラーと組み合わせて使われるなど、産業としてようやく産声を上げたところですが、この復興計画がこの産業を一気に立ち上げる起爆剤になるのではないでしょうか。

この3市の復興計画は、総額1350億円にも及ぶかなり巨大な計画ですが、「復興特区」などの指定を取り、ファンド方式で企業などからの出資も仰ぐモデルで推進していく予定です。

この3市の計画以外にも、スマートシティやメガソーラーなどかなり多くの計画が復興特区制度を使って推進される模様です。今後間違いなく、日本において太陽電池や定置型蓄電池などの産業が盛り上がることでしょう。

こうした流れの中で恩恵を受けそうな企業としては、エヌ・ピー・シー（6255）、フェローテック（6890）などが挙げられます。

エヌ・ピー・シーはもともと、食品用の真空包装機を製造する日本有数の会社でしたが、その技術を応用してソーラーパネルの真空ラミネーター（太陽電池のセルを張り合わせてパネルにする装置）を製造し始めましたが、今や各種装置を含めたソーラーパネル製造の一貫製造ラインを世界唯一供給できる企業になっています。

フェローテックは太陽電池用のシリコンの塊を作る結晶引き上げ装置を開発して業績を伸ばしています。さらに、シリコンを作るための石英るつぼ、シリコンウエハー切断機な

図5-5 新エネルギーで注目される会社

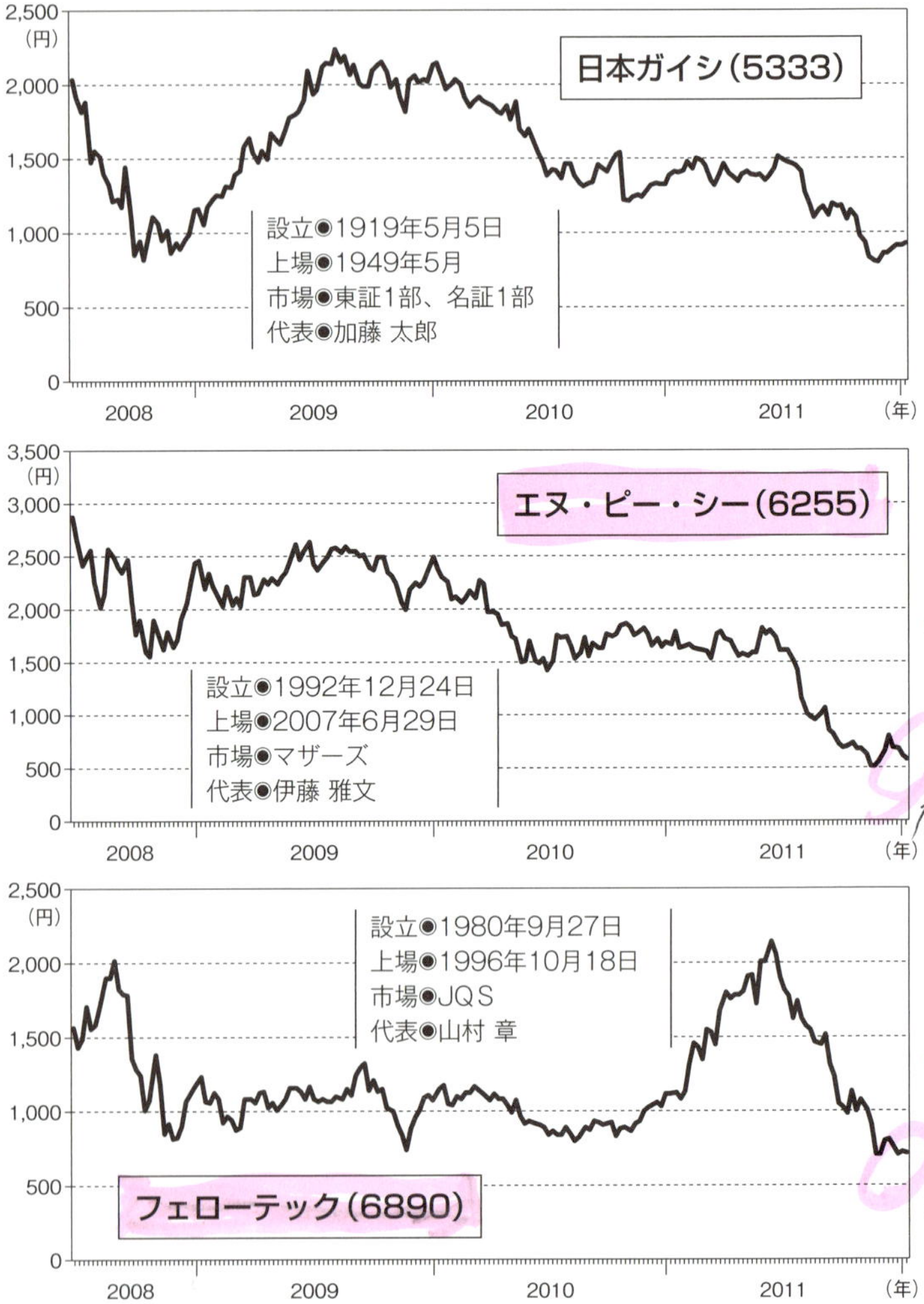

どを手掛け、それらの自社製品を使って太陽電池向けシリコンウエハーそのものを製造するようになりました。現在は太陽電池関連事業の拠点を中国に移し、この分野における中国市場の拡大の恩恵を受けやすいポジションを築いています。

今後は風力発電もとても有望で、クリーンエナジーファクトリーの鎌田宏之社長はより効率化されて発電効率の高い風力発電システムを実用化し、まだ未上場ですがとても注目できる会社です。今後は太陽光や風力発電に有望な企業がどんどん出てくることでしょう。

「繊細・丁寧・緻密・簡潔」に作り込んだ日本製品へのニーズが高まる

以上のように、海外の新しい流れを上手く取り入れて、洗練させ、より高度な製品やサービスに高めていくという日本人の能力は、もともと国民性として備わっている繊細さ・丁寧さ・緻密さ・簡潔さによるところが大きいと思われます。

この「繊細・丁寧・緻密・簡潔」という点を指摘したのは、原研哉さんです。原さんは、日本を代表するグラフィックデザイナーで、長野冬季オリンピックのプログラムを担当したり、愛知万博のプロモーションなども担当しました。また、無印良品のアドバイザーも務めています。

無印良品は良品計画（７４５３）が運営する小売店ですが、シンプルかつスタイリッシュで高品質な商品が受けて、世界的に店舗が拡大しているところです。フランスなど欧米でも受けていますし、アジアでも人気が広がっています。これは、原さん自身が関わって、繊細・丁寧・緻密・簡潔という日本の強みを生かした製品・サービスが世界的に通用することを示した事例の一つでもあります。

私も仕事で世界中に行き、世界中の人や文化と接していますが、そうした経験から考えて、やはり日本人の繊細・丁寧・緻密・簡潔という美意識は世界的に見ても突出しているという感じがします。

それは、１４９ページで紹介したシュリングスタさんが言うように、日本人が複雑な言語や文化の中で生きていることと関係があるのかもしれません。

この日本人の強みが活かされているのが製造業です。特に部品や機械などは、非常に繊維で緻密で丁寧な加工が必要であり、日本でなければ実現できないような製品や品質が数多くあります。

たとえば、半導体と太陽電池の製造に欠かせないシリコンウエハーは信越化学工業（4063）やSUMCO（3436）など日本企業が60％以上の世界シェアを握ります。そのシリコンウエハーを作る回転台は、表面に少しでもゆがみがあってはいけませんが、ゆがみのないきれいな表面の回転台を作るには、非常にすぐれた日本人の職人による研磨技術が必要なのです。

非常に高度な機械や部品では、マニュアル化や機械化ができず職人技に頼るプロセスが数多くあります。この部分が日本の大きな強みであり、部品や機械の産業の競争力の強さの源泉になっています。

成長著しい中国や韓国は、日本から部品や機械を購入し、それによって安い人件費により低コストで組み立てて、低価格を武器に世界に売ることは得意ですが、高性能な部品や機械を作る能力そのものは日本が世界でも高い優位性を維持しています。

そのため、デジタル製品や自動車などのシェアが中国や韓国などで高まっても、それに必要な部品や機械の日本からアジアへの輸出は拡大しています。今後、この傾向は一段と拡大していく可能性があると思われます。

また、最終製品でも、細かいカイゼンの積み重ねでブラックボックス的な技術蓄積が多い製品、あるいは部品と機械を買って組み立てるだけではすまない製品については、日本

図5-6 日本の「強み」をいかした会社

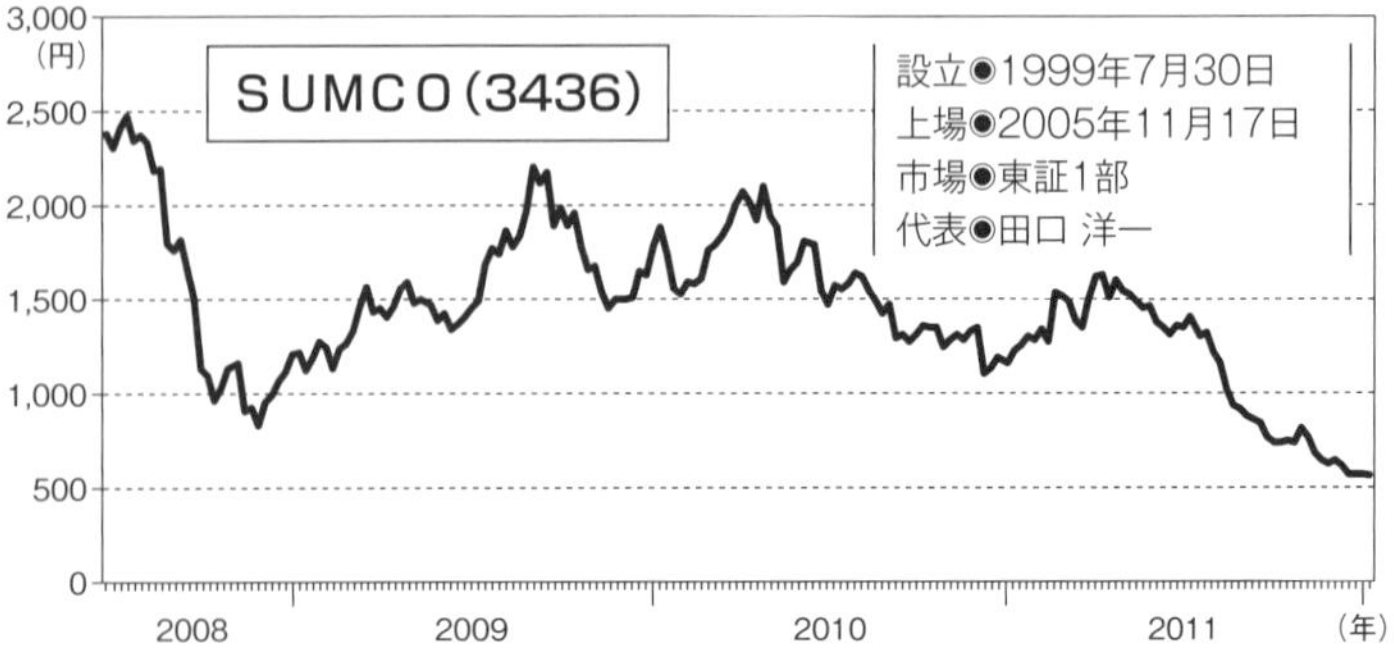

が依然として高い競争力を持っています。

特に日本の建機メーカーは高いシェアを誇っています。国内売上高首位のコマツ（６３０１）は米キャタピラーに次いで世界２位の売上高を、豊田自動織機（６２０１）はフォークリフトで世界首位、タダノ（６３９５）はクレーンで世界２位、クボタ（６３２６）はミニショベルで世界首位の実績を残しています。

それだけではありません。みなさんがよく知っているエアコンのダイキン工業（６３６７）も空調分野で日本・中国・欧州でシェアがトップ、世界でも２０１０年には売上高がトップになりましたし、給湯器のリンナイ（５９４７）もその性能の高さやエネルギー効率の高さから世界的に売上高を伸ばしています。

世界一のサービスの質、世界一の食文化の秘めた可能性

繊細・丁寧・緻密・簡潔という強みは、製造業だけでなくサービス業でも生かされています。

たとえば、日本の宅配便は、配達時間帯を指定できたり、クール宅急便やゴルフ宅急便のように用途別のサービスが用意されていたり、自宅まで配達物を受け取りに来るサービスなど、非常にきめ細かいサービスを効率よく実現するノウハウが確立されています。これは世界的に見ても他に例のないほど高いレベルのサービスの質と言えます。

小売業でも、笑顔で丁寧に接客するようなサービスは世界的にもまれで、外国人観光客から喜ばれる大きなポイントになっています。

そして、日本のレストランのレベルの高さは、最近では有名になりました。2007年にミシュランガイドの東京版が発売されましたが、獲得した星の合計数は、世界の食文化の中心地と思われていたフランスのなんと2倍以上で、東京は世界で断トツの食の都であるという評価になりました。ミシュランガイド総責任者のジョン・リュック・ナレ氏自身もこの結果に驚き、「東京は、世界一の美食の町である」と絶賛しました。ほかにも、お寿司、刺身、焼き鳥などの日本食そのものが世界的に人気の拡大が続いています。

たとえば、上場はしていませんが、中国で450店舗を展開し、2010年に中国料理協会が発表した中国ファーストフード企業トップ50の中で第4位に選ばれた「味千《あじせん》ラーメン」。本場である中国人に日本のラーメンが受け入れられ、知名度も抜群です。こうした質の高い日本のサービス業や食文化が世界で拡大していく余地は大きいでしょう。

中国での哺乳瓶、食品、化粧品などの日本製品へのニーズは高い

日本人が世界中から得ている高い信頼も、日本がこれから国際展開を加速させていく際には大きな武器となります。日本が高い信頼を得ているというのは、端的にいえば、「日本人はウソをつかない」、「約束を守る」というような評判が定着しているということです。

実は、日本人に寄せる信頼が誰よりも高いのは中国人です。

中国人の日本人に対する国民感情は良くないと言われていますが、それは歴史的認識や政治的なものであり、経済活動上の中国人の日本人に対する信頼感はすごく高いものがあります。

たとえば、中国では、日本の食品や化粧品に対する人気がかなり高いです。口に入れるものや肌につけるものは、日本製品が安心だと思われているのです。裏を返せば、中国人は、中国人や中国製品をあまり信頼しておらず、経済的に余裕があるならば、少々高くても日本製品を食べたり使ったりしたいと思っているのです。

このことについては、ひとつ面白いエピソードがあります。私の知り合いで人間ドック

専門病院を経営している医師がいるのですが、この友人の元に中国人の病院経営者から、提携して中国で人間ドックビジネスを展開しないかという話が持ちかけられました。友人は「そんなの、自分たちでやればいいじゃないか」と言うと、その中国人は「いや、中国人は中国人を信頼してない。日本人の経営する人間ドックだから信頼され人気が出るんだ」と言われたそうです。そして、その中国人は「僕自身インチキしているからね」と付け加えたそうです。

日本製品の中でも、特に、赤ちゃんのミルクの粉や、ピジョン（７９５６）の哺乳瓶、ユニ・チャーム（８１１３）の紙おむつなどは、中国の中産階級や富裕層から絶大な人気で、福島第一原発の事故が起きた直後には、日本からの粉ミルクが不足するのではないかということで、すでに中国に出回っているそれら日本製品の買い占め騒動が起きたくらいです。

化粧品についても、資生堂（４９１１）は中国でトップクラスのブランド力を誇ります。同社は早くから中国で展開しており、試行錯誤を繰り返しながら中国ビジネスを軌道に乗せ、いまや中国は同社でも最大の成長要因になっています。

最近は東京の銀座でも中国人の観光客を大変多く見かけるようになりましたが、そのうち女性の一番人気の名所が資生堂だそうです。中国人女性にとっては、銀座の資生堂に行

図5-7　中国で人気のピジョンと資生堂のチャート

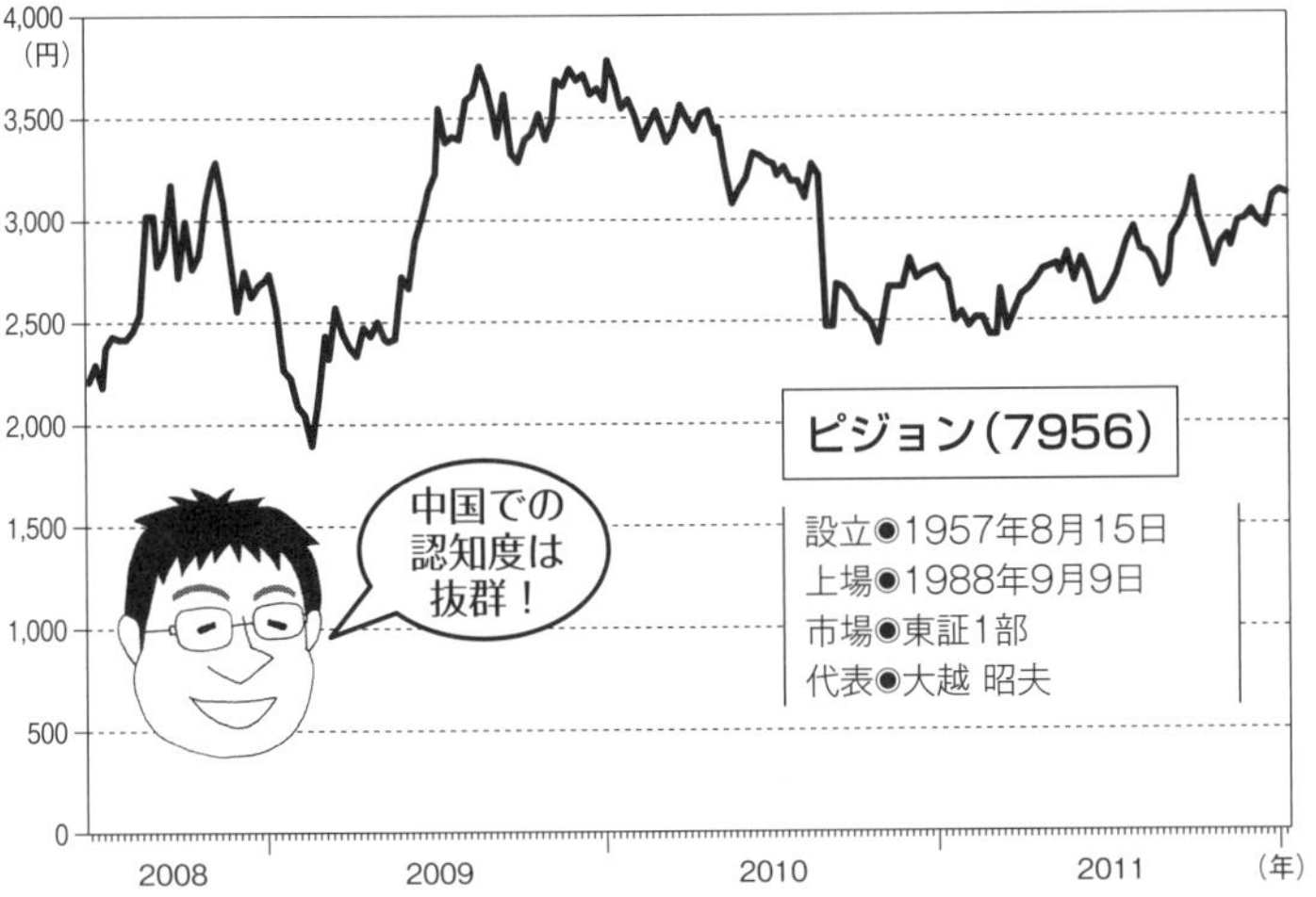
4,000
(円)
3,500
3,000
2,500
2,000
1,500
1,000
500
0
2008
2009
2010
2011
(年)
ピジョン(7956)
設立●1957年8月15日
上場●1988年9月9日
市場●東証1部
代表●大越 昭夫
中国での
認知度は
抜群！

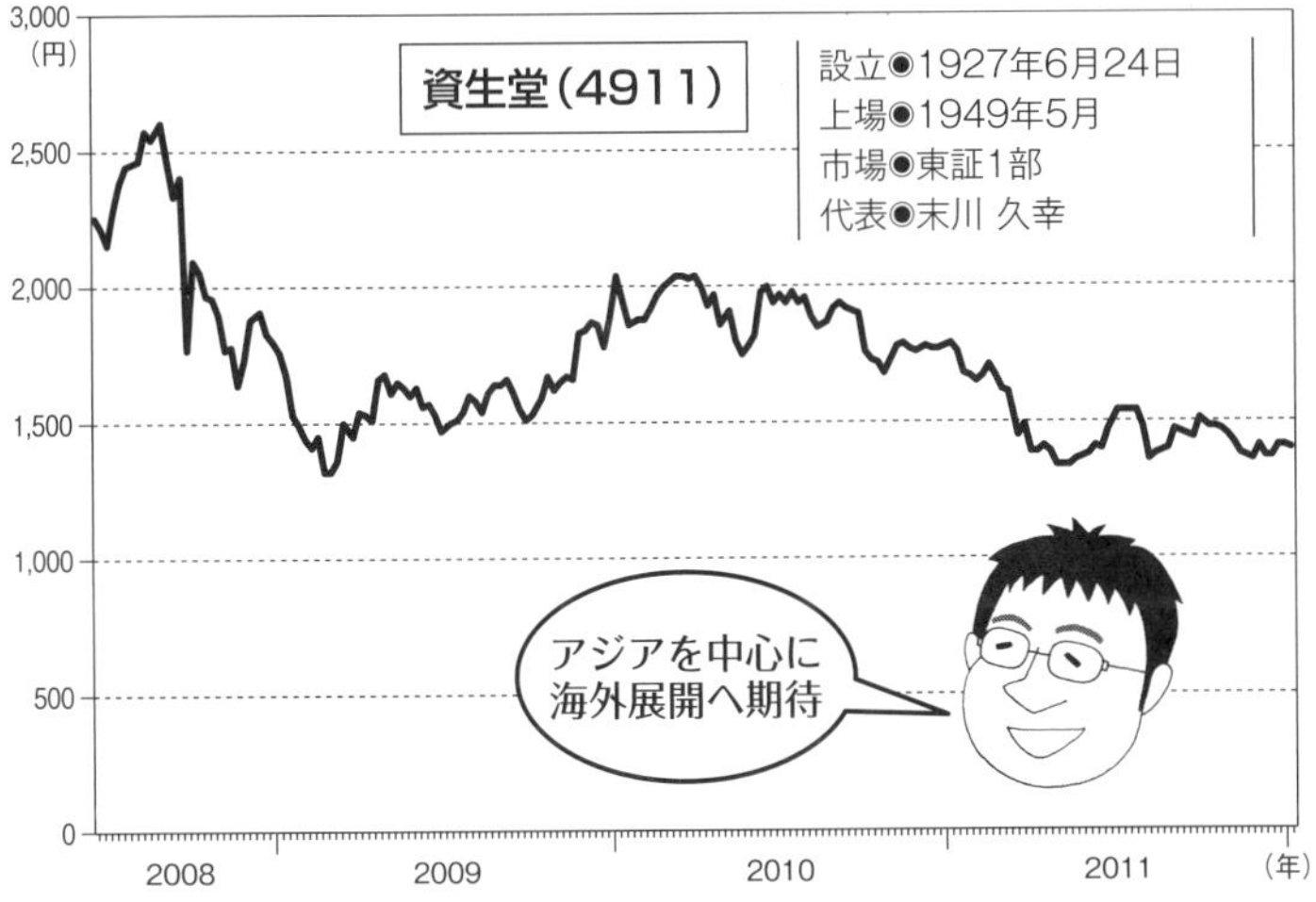
3,000
(円)
2,500
2,000
1,500
1,000
500
0
2008
2009
2010
2011
(年)
資生堂(4911)
設立●1927年6月24日
上場●1949年5月
市場●東証1部
代表●末川 久幸
アジアを中心に
海外展開へ期待

って買い物をしてきたというのがステータスになっているというのです。

今でこそ、原発事故による風評被害で日本からの輸入品に対して警戒する雰囲気もありますが、この風評被害の影響が癒えてくれれば、ふたたび中国での日本製品の人気は高まると思います。

特に、今後、中国人の所得が底上げされ、富裕層や中間所得層が急増する中で、日本製品や日本の食品へのニーズは一段と高まると思われます。

株価指標から見て、日本株は歴史的安値水準

世界経済のトレンド、日本の潜在性の高さについて述べてきましたが、次には３つ目のポイントである「株価の割安さ」について考えてみましょう。

今、日本株はＰＥＲやＰＢＲなどの株価指標から見て歴史的な割安水準にあると考えられます。日本株の平均ＰＥＲと平均ＰＢＲの推移を１９０ページに掲げましたが、両指標ともに大きく低下していて、２０１１年末現在、過去23年間で最低水準となっています。

日本株のPERについては、1980年代後半のバブル以降国際的に見て高い状態が続いていました。バブル時には株価そのものが高いためにPERが高くなり、バブル崩壊以降は株価が大きく下落したのですが、日本企業の収益力が低くなったためPERが高くなってしまっていたのです。PERは株価と利益を比べるものであり、利益水準が高いのに株価が安ければPERは低くなり、利益水準が低いのに株価が高ければPERは高くなるのです。

2003年以降は、リーマンショック時などを除くと、日本の企業収益の水準は以前に比べるとかなり高まり、一方で株価は低迷が続いているため、PERが低くなってきました。

日本株の割安さをより強く示しているのはPBRです。日本株のPBRは1倍を割り込むところまで下落しています。これは、純資産の価値も下回る株価水準になっているということであり、世界の株式市場の歴史を見渡してもまれなほどの割安水準です。

日本は、1989年のピークには約5倍という水準になり、そこから、低下し、リーマンショック直後の安値時にPBRが1倍を少し割れる水準となりました。その後、ほぼこのPBR1倍前後の水準が安値として機能しています。

このように、株価指標面からみると、現状の日本株は、全体的に非常に割安だというこ

図5-8 PERとPBRの推移（FTSE株価指数より）

◉各国PERの推移

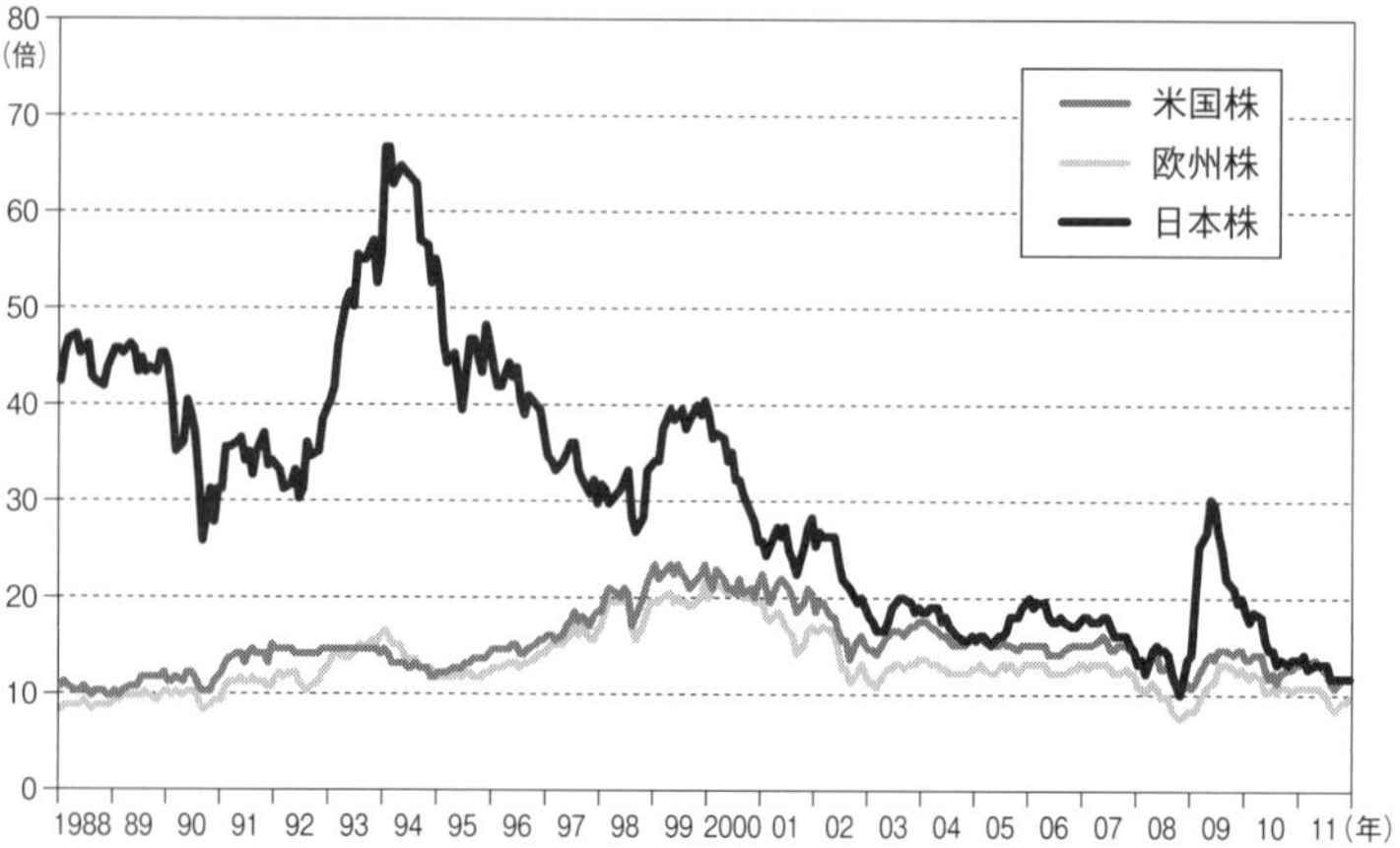

◉日本株のPBRの推移

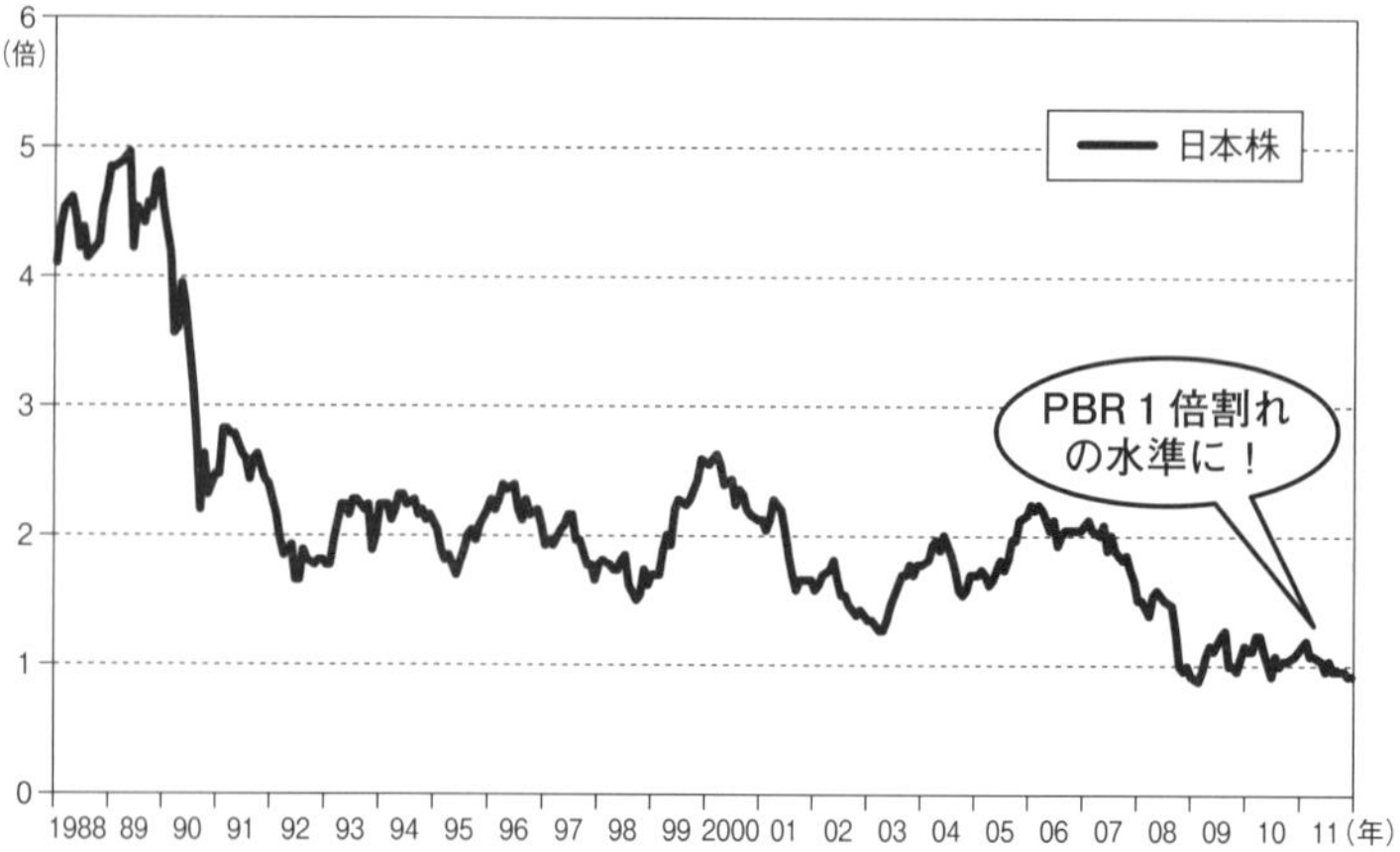

出所：レオス・キャピタルワークス（野村證券データ提供）

とは言えると思います。

ただし、ＰＢＲが低くても、経営内容が悪化しているために決して割安と言えない企業が多いことも確かです。しかし、その一方で、経営内容がすごく良いのに非常に割安に放置されている銘柄がゴロゴロしていることも確かです。私自身、日々さまざまな銘柄を調査していて、そのことをものすごく実感しています。

東日本大震災直後のファンドマネジャーとしての決断

今の日本株がいかに有望な投資対象であるかについて、世界経済のトレンド、日本の潜在性、株価の割安さという3つの観点から述べてきました。それに加えて、今どうしても考えておかなければならない問題があります。それは、２０１１年3月11日に起きた東日本大震災が日本をどう変えたのかということです。

その日の午後2時46分頃、私は東京にいて「かなり大きな地震が来たな」と思いましたが、それが日本全体を悲しみに包むような大惨事だったことは、そのしばらく後に知ることになりました。東北地方を震源とする大震災であることはすぐにわかりましたが、震災後の二次災害や被害の全貌がわかるまでには時間を要したからです。

そこから数時間たったころから、1000年に1度という規模の津波被害や、原子力発電所の事故の状況などがだんだんと明らかになっていきました。

金曜日の夜や土日はファンドマネジャーとしての1週間の仕事が終わり、少しほっとするとともに来週以降の展望や戦略などを考える時間ですが、この時にはそれどころではなくなりました。どんな被害状況なのかテレビにかじりつきながら、刻々流れてくる被災地の惨状に何度も目を覆い、心が張り裂けそうになりました。

しかし、私の本職はお客様からの資産を預かって運用するファンドマネジャーです。ただ茫然と悲しんでいるわけにはいけません。週明けには株式市場が開くわけですから、それに備えて対策を打たなくてはなりません。私は社内のファンドマネジャーやアナリストたちと必死で情勢分析を行ない、来週からの運用方針をどうするか協議を重ねました。

その週末、私は夜もほとんど眠れないほど考えました。株をある程度売るべきか、残しておいた現金で買い増しするべきか。

結局、週明けの相場で、私のファンドは残りの現金で株を買い増しし、さらに、保有している銘柄の入れ替えを行なっていきました。結果から言うと、この戦略は上手く行きました。震災直後に資産は一時的に大きく減少したものの、その後急速に回復し、その後は他のファンドを圧倒するようなパフォーマンスになったのです。

私たちの出した結論は、「日本経済は一時的に落ち込むが、その後必ず大きく復活する。しかし、今後の経済潮流には大きな変化が生まれ、震災前後では活躍する企業や注目されるセクターに大きな変化が生じてくる。その新たな潮流を探って、それに沿う銘柄に入れ替えていこう」というものでした。

大きな危機の後に生まれた新たなトレンド

私は22年間ファンドマネジャーとして活動する間に、今回の東日本大震災以外にも、戦争、テロ、金融危機など幾多の危機に遭遇してきました。２００１年9月11日に米国で起きた同時多発テロの際には、１日で運用資産の50億円を失うという体験もしました。結局は、いずれの危機の時にも、そのあとに損失分をカバーして乗り切ってきたのですが、その時々で眠れないほど悩み、必死で運用資産を守ろうと戦ってきました。

また、少しでもヒントを得ようと、歴史を勉強し直しました。過去にも世界経済にはさまざまな危機が襲っていますが、その時に何が起きたのか、株式市場はどう動いたのか、そうしたことを勉強することで、今後も起こるであろう危機を乗り越えていくことに役立つと思ったからです。もともと歴史は好きでしたが、ファンドマネジャーとしての仕事に携わる中で、歴史から学ぶ重要性をより強く感じるようになりました。

そうした体験や研究からの結論として言えることは、大きな危機の後には新しい潮流が生まれてくる、ということです。価値観の変化が起こり、そこから新たな経済トレンドや株式市場の流れが起こり、新たなスター株が出てきます。

今回の大震災後に私が予想した新たな潮流は、

①震災復興への動き
②ＩＴ革命、新エネルギー革命、所有から利用へ、などのトレンドの加速
③日本企業の海外進出の加速
④新興企業の台頭

などです。

震災復興の動きは誰もがすぐに思い浮かぶと思いますが、今回は累計23兆円という巨額

な復興予算が投じられることになっています。２０１１年はがれき処理などに手間取りましたが、２０１２年には復興事業が本格的に動き出します。建設、土木、浚渫、道路などの関連企業はここから2～3年大きな恩恵を受けるでしょう。

また、高度成長期から40年経過して、首都高速道路をはじめとしてさまざまな社会インフラが本格的に改修されたり、建て替えられる動きも始まってきています。2～3年後からは北海道新幹線やリニア新幹線などの建設も着工し始める見込みです。長年低迷していた建設・土木業界ですが、今後復活する企業がいくつも出てくる可能性があると思います。

被災地では大胆な規制緩和と減税を伴う復興特区制度がスタートすることになりました。それによって、ＩＴ、新エネルギー、農林水産業、医療などの分野で新たなビジネスの構想が次々打ち出されようとしています。

日本の政府はもともと、２０１０年に打ち出した新成長戦略において、環境、健康、アジア向けビジネス、観光などの分野を中心に２０２０年までに１００兆円以上の新規市場を創造し、５００万人近い雇用を生み出すことを目標としています。特に、環境分野で50兆円、健康分野で50兆円の新規市場を創造するかなり意欲的な目標を持っていました。震災復興をテコに、この新成長戦略を一気に進めてしまおうという意図もあるようです。

②と③については、本章ですでに述べた世界経済のトレンドに沿う形ですでに生じてい

たものですが、大震災をきっかけに加速してきています。ツイッターなどのＳＮＳの威力が危機において鮮明に認識され、データやソフトは震災にも強いクラウドサービスを利用しようという動きも強まっています。そして、太陽光発電などクリーンエネルギー拡大の動きが加速したことも、皆さんがご承知のとおりです。

日本企業の海外進出のトレンドも、主に新興国を目指す形ですでに進行中でしたが、震災をきっかけに、海外企業を買収する動き、海外に工場を移転する動きなどが加速しています。

大震災後には、スター企業が出現する

ここで私が特に強調したいのは「新興企業の台頭」です。

たとえば、１９９５年の阪神・淡路大震災は、三《み》木《き》谷《たに》浩史《ひろし》社長が楽天を創業するきっかけになりました。神戸出身の三木谷氏は、地震で壊滅する街を見て、「人生何が起きるかわからない。限りある人生、自分がほんとうにやりたいことをやろう」と起業したとい

うことです。

さまざまな分野でディスカウンターが登場して、価格破壊の流れが加速したのもこのころからでした。この当時の日本は、内外価格差などという言葉も取りざたされるほど、海外に比べて物価が高いと言われる状況でしたが、震災をきっかけに「高いものを買っても、大震災が来れば全て失ってしまうかもしれない。もっとシンプルに生きよう」という社会的な雰囲気が生まれました。

そして、三木谷氏のように、震災を機会に人生を見つめ直したり、企業家マインドが高まる機運が社会全体に生まれ、当時の日本の課題である価格破壊にチャレンジする企業家が増えたのです。3章でも見たように、価格破壊をリードしている企業家たちは皆、「日本人の生活を豊かにしたい」という社会的使命感を強く持っている人たちが多いのですが、そうしたマインドがこの時期により高まったわけです。

また、1923年の関東大震災の時には、トヨタ自動車やシャープなどが誕生しました。トヨタ自動車創業者の豊田佐吉《とよださきち》は、関東大震災のがれきの中で、支援活動に来たアメリカ軍のトラックやジープが大量に走り回る様子を見て衝撃を受けました。そして、日本でもこのような自動車を作りたいと強く思い自動車製造を始めたのです。

シャープの創業者である早川徳次《はやかわとくじ》は、関東大震災で子どもと奥さんを亡くしたことをきっかけに人生観を大きく変え、企業家として大きなチャレンジに出ます。シャープはそれまでシャープペンシルの製造をしていたのですが、本業の工場を売却してしまい、拠点も東京から大阪に移して国産ラジオ第一号の開発に取り組みます。試行錯誤の末に早川氏の執念が実ってラジオ開発に成功し、それを売り出して大成功したのです。

今、また超成長株が生まれるチャンスの時期がめぐってきた！

今回の東日本大震災の後も、やはり、過去の震災時と同じように、人生を深く見つめ直すという機運が国中に広まり、その中で、「日本をなんとかしたい」というマインドや、「1度きりの人生だから大きな夢にチャレンジしよう」というマインドがさまざまな形で湧き起こっているようです。おそらく、三木谷氏、豊田佐吉氏、早川徳次氏のように、これを契機に新しいビジネスを生み出す経営者も出てくるでしょう。

私はベンチャーキャピタリストとして、ベンチャー企業の動きにも普段から接したり目にしたり耳にしたりしていますが、やはり、今回の震災後も新しいビジネスや会社を立ち

図5-9　IPO社数の推移

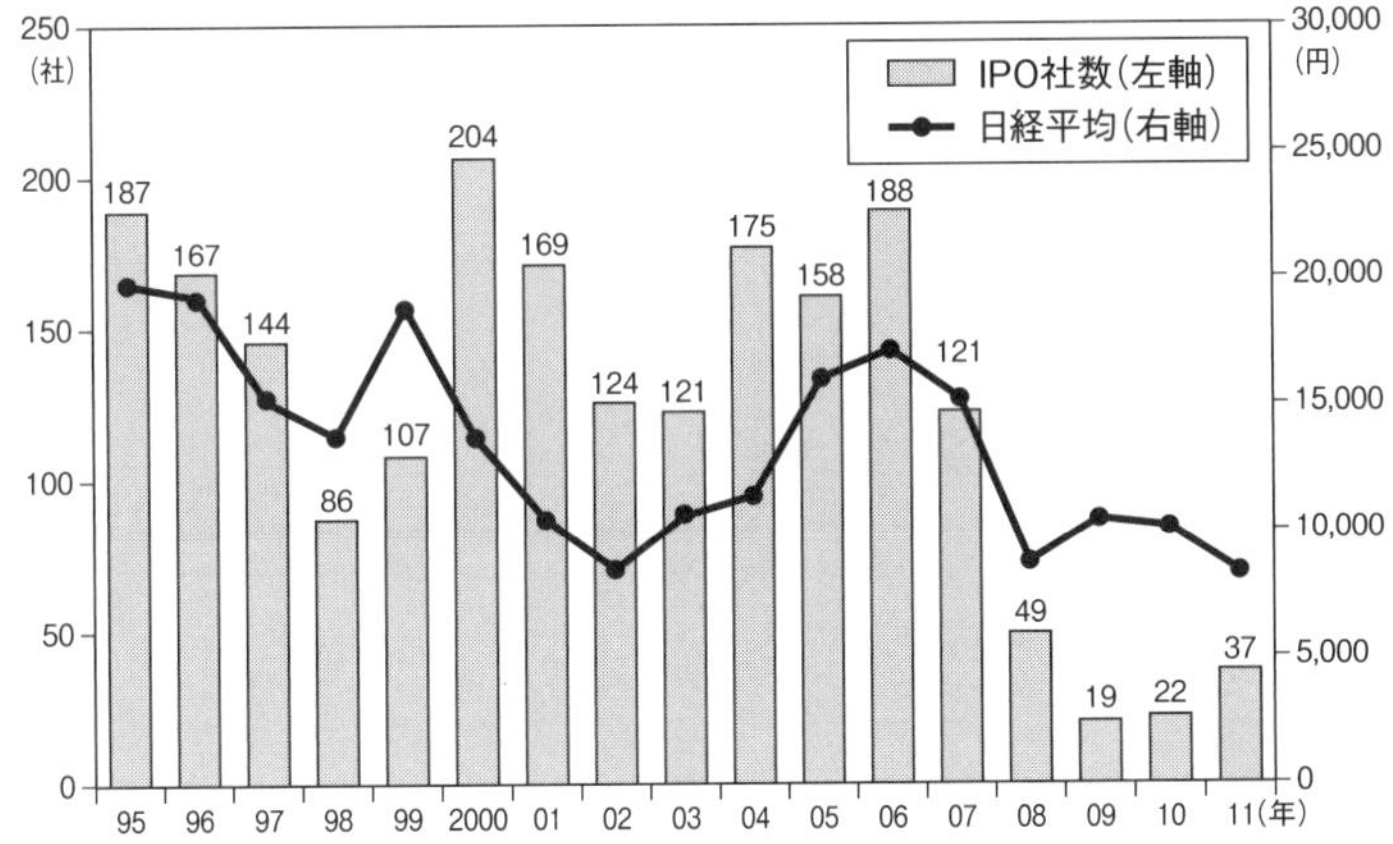

出所：各取引所、レオス・キャピタルワークス集計

上げようという動きが明らかに活発化してきています。こうした中から、今後の日本を変えるような企業が必ず出て来ると思います。

現に、2011年はIPO（株式市場への新規上場）の件数が前年の4倍近くの約40社に急増しています。ピークの2000年の204社に比べるとまだ低水準ですが、IPO市場には明らかに変化が起きています。

私がIPO市場に感じる変化は数だけではなく、IPOをしてくる企業の経営者たちの質が以前と比較して明らかに高くなっていることです。これだけ経済状況と株式市場の低迷が長引く中で上場してくるわけですから、それだけ考えても、かなり賢くしぶとい経営者たちであることが想像できますが、実際に面会して話をしてみると、経営にかかわる姿勢の真摯さや目標・理念の高さに感銘を受けることが多いです。

今後、ＩＰＯ企業からさまざまなスター企業が登場し、その中からは日本を代表する企業に化ける企業もいくつか出て来ると思っています。ファンドマネジャーとしては、また、大成長株をザクザク発掘するチャンスが到来していると感じ、大いにワクワクしているところです。

6章

日経平均に勝つ！日本株でお勧めの投資信託はこの5本！

日本経済の将来のためにも、良いアクティブ投信が必要

ここまで、アクティブ投資の素晴らしさを思う存分語らせていただきました。

述べてきたように、アクティブ投資は正しいやり方さえ身につければ資産を大きく増やせる可能性があるものですし、今日本株には有望な銘柄がたくさん出て来ていて、アクティブ投資家の腕の見せ所となっています。私はアクティブ投信のファンドマネジャーとして、今とてもワクワクしています。私にとって株の銘柄探しは宝探しと同じであり、毎日楽しくてしかたありません。

また、改めて強調したいのは、銘柄選別して資金を投じるという行為そのものに株式投資の社会的な意義があるということです。それによって経済の新陳代謝を促し、経済を活性化させ、世の中を良くすることもできます。

しかし、そうは言っても、「自分では銘柄選別する時間がない」という人も多いでしょう。そういう人たちのために存在するのがアクティブ投信（アクティブ型の投資信託）で

す。アクティブ投信については1章でも説明しましたが、信頼できるファンドマネジャーに自分の資産を託して、自分の代わりに銘柄選別をして投資してもらうという金融商品のことです。

しかし、**残念ながら、今の日本には個人投資家の資産形成に真に役立つと言えるアクティブ型投信はごく少数です**。ほとんどのアクティブ投信は、実態として手数料が高いインデックスファンドか、目先の流行に合わせただけのテーマのファンドばかりです。私から言わせれば、そんなファンドは本来の意味でのアクティブ投信と呼べませんし、悪いパフォーマンスしか得られなくて当然です。

今世の中に必要なのは、こういう偽アクティブ投信ではなくて、真のアクティブ投信です。それは、一所懸命に企業調査し、分析し、本当に有望だと思われる企業ならば時価総額が小さくても積極的に買い、ダメだと思われる企業はどんなに時価総額が大きくても買わない、という投信です。そのように運用されている投信を「厳選アクティブ投信」と呼びたいと思います。銘柄を厳選して運用している真のアクティブ投信という意味です。

「アクティブ」でも、中身は「インデックス」に近い投資信託ばかり

ただ現実には、既存の大手運用会社の中ではなかなか厳選したアクティブ運用がやりづらいという事情があります。

既存の大手運用会社の中にいると、どうしても販売戦略の都合に合わせるような圧力が働きます。また、人より抜きんでた成績を上げても大して年収が上がらない一方で、他とは異なる運用をして上手くいかなかった場合には希望しない職種に飛ばされることが多々あります。そうした企業文化の中では、アクティブ運用とはいっても、上から要求されたテーマの運用に従い、ＴＯＰＩＸ型ポートフォリオに近い運用をしてお茶を濁すのが無難だということになります。言われた通りにやったり、他の人と同じような運用をしていれば、仮に失敗しても「他の人と同じ」ということで、あまり責められることはないからです。

また、仮に、独自の運用方針を貫いて良い成績を続けたとしても、その投信が売れるとは限りません。**投信業界において売れる投信というのは、良い運用をしている投信ではな**

く、**販売戦略に乗った投信だからです**。つまり、証券会社や銀行などの販売会社が「これを売っていこう」と決定した投信だけが、積極的にセールスプロモーションされて売れるのです。そして、販売会社が「これを売っていこう」と決定するのは、とにかく手数料の稼ぎやすい投信です。

それは、長い目で見て投資家の役に立つというものではなく、その時々の流行に合っているテーマの投信や販売手数料率の高い投信などです。

そのように目先の手数料を追いかける投信業界の姿を象徴しているデータが図６－１です。これはここ数年の投信の平均の販売手数料率ですが、年々上昇傾向にあり、直近ではなんと４％を超えてきています。つまり、たとえば１００万円を投資した途端に確実に４万円の手数料が取られてしまう状態なのです。

しかも、これらの手数料は、投資した１００万円の中から経費として取られているために、投資家からははっきり認識しづらくなっているのです。巧妙に高い手数料が吸い取られ、気付いたら基準価額（株価に相当する価格）が下がっている……、というパターンになりやすいわけです。

これでは、良い投信も出てきづらいですし、良い投信が出てきてもなかなか投資家の手には届かないのが現状です。

図6-1　近年は、どんどん上昇中！　投信コストの平均値の推移

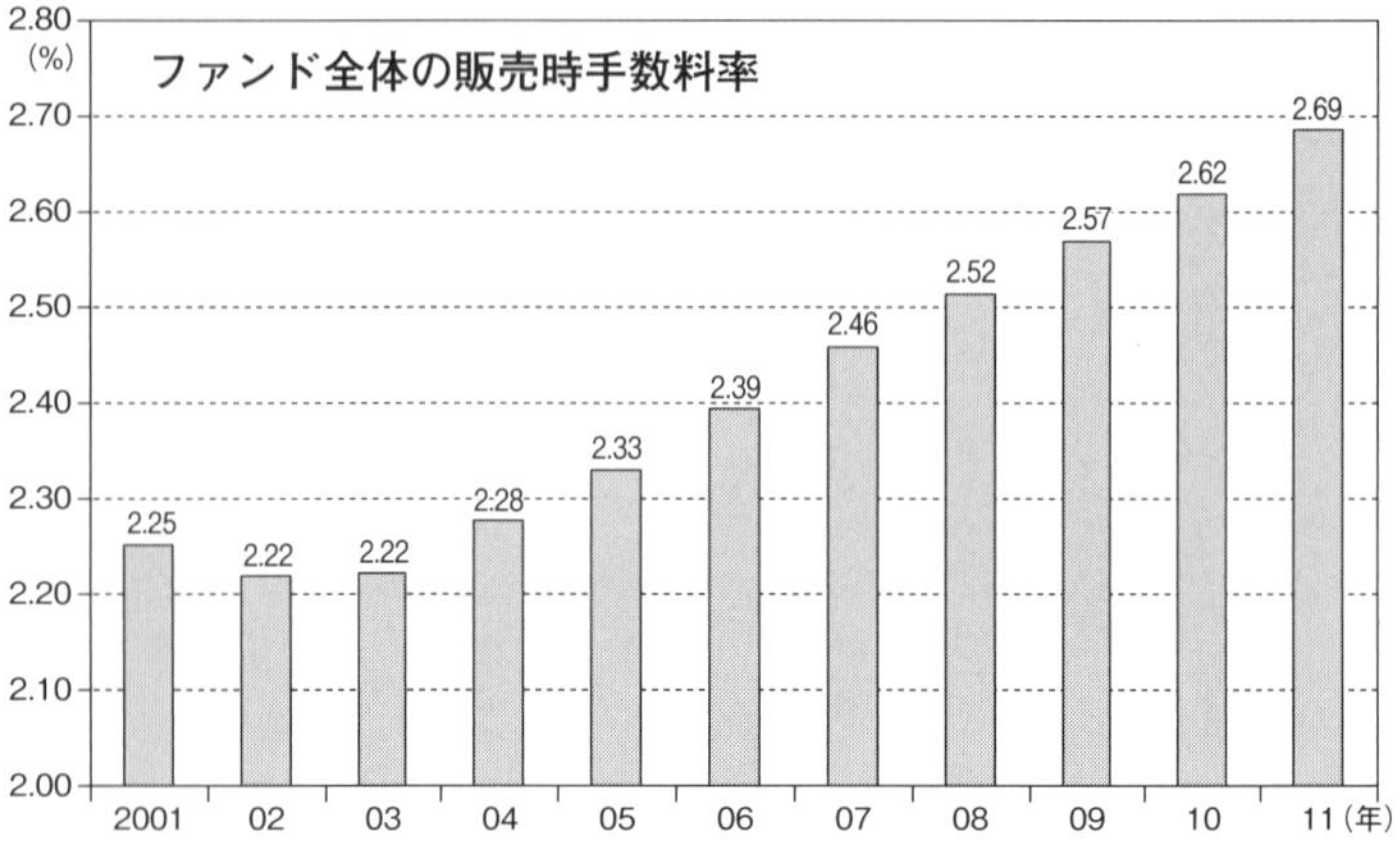

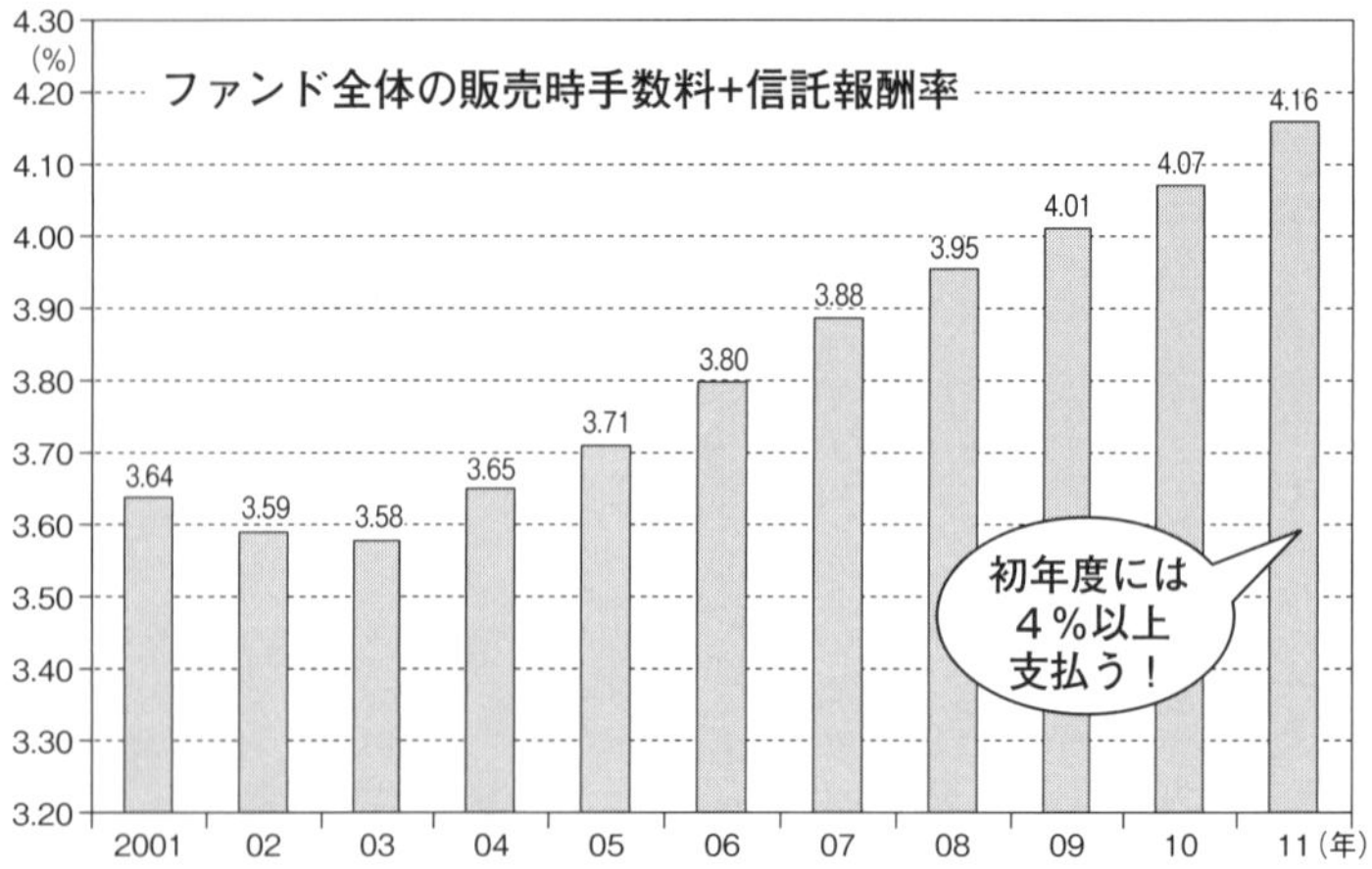

※公募追加型株式投信（確定拠出年金専用、ラップアカウント、ETF等除く）
※数字は、各年度は12月末時点、2011年は10月末時点。
※販売手数料、信託報酬は税込み。

直販投信というイノベーション

私は長年こうした投資信託業界の状況を見て心を痛めてきました。そして、その状況を打ち破るために今取り組んでいるのが直販投信《ちょくはんとうしん》というビジネスモデルです。直販投信とは投信販売会社を介さないで運用会社が直接販売するために、販売手数料などのコストが従来より安くできるのと、短期的な営業戦略に影響されず、長期的な視点でじっくりと資産運用できます。

直販投信というビジネスモデルを日本で切り拓いたのは「さわかみ投信」の澤上篤人《さわかみあつと》さんです。澤上さんは１９９９年に直販型で販売手数料ゼロである「さわかみファンド」の運用を開始しました。

さわかみファンドは、「本格的な長期投資で世の中をおもしろくしていこう」という理念のもと、「運用実績と顧客からの信頼で世界一のファンドになる」ことを目標にして当初16億円の資産額でスタートしましたが、２０１１年末には新規流入資金も合わせて２０００億円超となっています。これは国内株式で運用するアクティブの投資信託としては２

位の規模です。

さわかみ投信が12年間でこれだけの成長を遂げたのも、その理念と運用実績によって投資家からの信頼を着実に高めてきたからです。実際に、同ファンドとTOPIXを比較すると、この12年間でTOPIXが約51％マイナスになっている中で、逆に基準価額（株価に相当するもの）を増加させています。つまり、顧客の資産を守り、増やしているのです。同じ期間に、投資信託のほとんどが日経平均並みかそれ以下の惨憺たる成績であることを考えれば、さわかみファンドは直販投信の可能性を世の中に証明してみせたといってもいいでしょう。

澤上さんにつづいて、中野晴啓《なかのはるひろ》さんが「セゾン投信」を、私が「ひふみ投信」を、そして渋澤健《しぶさわけん》さんが「コモンズ投信」を、鎌田恭幸《かまたやすゆき》さんが「鎌倉投信」を、とそれぞれ直販型投信の運用を手掛け始めました。ほかにもいくつか運用を開始したものもありますが、販売会社を通さないという新しいビジネスモデルの投資信託であり、立ち上げ時期の苦労は大きいものがあります。

しかし、日本の将来にも絶対に必要なものであり、私としては何としてでも直販型の投資信託を拡大・発展させたいと思っています。

そのために、私自身が頑張って「ひふみ投信」を成功させる努力をすることはもちろんですが、仲間たちと協力してさまざまな活動もしています。

その一つが、半年に一度、直販投信の会社が一堂に会して「直販ファンドが日本を元気にする‼」（通称「直販投信祭り」）というイベントを開催しています。このイベントでは、それぞれの直販投信の紹介の他、資産運用の勉強会などが行われ、だんだん集客数が増えて盛り上がっているところです。

そして、もう一つ。セゾン投信の中野晴啓さんとコモンズ投信の渋澤健さんと私の3人で「草食投資隊」という活動をしています。これは直販投信の良さ、そして、長期的な視点でゆったりと直販投信を積み立てる投資の素晴らしさを訴える勉強会を行う活動です。北海道から沖縄まで、全国各地で年間30カ所を3人で回っています。いわば直販投信を広める草の根運動のようなものですが、資産運用を真面目に考えたい方には参考にしていただけると思います。誰でも参加できるような気軽なセミナーで、情報を各社ウェブサイトで情報を更新していますので、興味があれば、ぜひ一度参加してみて下さい。

この活動を共にしている中野晴啓さんの運営するセゾン投信は分類分けするとインデックス投信になりますが、理想的なインデックスファンドを直販投信の形で追求しています。同社の代表的なファンドである「セゾン・バンガード・グローバルバランスファンド」は同種のファンドで最低水準の手数料率を実現しながら、このファンド1本で新興国を含めた世界30カ国以上の株式と10カ国以上の債券に分散投資を可能にしています。

コモンズ30ファンドと、ひふみ投信、結い2101については、後ほど詳しく紹介しますが、現在のところ直販投信を運用（販売）しているのは8社、投資信託は11本。全て購入時手数料は0円で、少額から積み立てもできますし、各社特徴もあります。10年前には「さわかみ投信」1本しかなかったことを思えば、投資信託の既存業界に新しいイノベーションができつつある、と言ってもいいのではないでしょうか。

ここにあるファンドは志も高く運用成績も立派なものが多く、新しい時代の資産運用の在り方を示しています。

特徴
設定来12年を超える直販投信の草分け的存在。主に日本株をアクティブ運用
9本のファンドを組み入れ日本含む全世界へ投資。日本株比率が高め
8本のファンドを組み入れ、全世界の株式および債券へ投資
10本のファンドを組み入れ、日本を含む全世界の株式へ投資
4本のファンドを組み入れ、日本を含む全世界の株式へ投資
5本のファンドを組み入れ、日本を含む全世界の株式へ投資
4本のファンドを組み入れ、日本と世界の株式へ投資、その比率は50：50を目指す
日本株をアクティブ運用。長期保有で信託報酬が下がっていく
4本のアクティブファンドを組み入れ、日本を含む全世界の株式へ投資
日本株をアクティブ運用。30年視線で厳選30銘柄に投資
日本株をアクティブ運用。日本の本当に「いい会社」に投資

図6-2「直販投信」は、８社11ファンドに増えている！

ファンド名	運用会社 問い合わせ	設定	信託報酬
さわかみファンド	さわかみ投信 03-5226-7980	99/08/24	1.05%
ありがとうファンド	ありがとう投信 0800-888-3900	04/09/01	1.60% ±0.3%
セゾン・バンガード・ グローバルバランスファンド	セゾン投信 03-3988-8668	07/03/15	1.3% ±0.2%
セゾン資産形成の達人ファンド		07/03/15	0.74% ±0.03%
浪花おふくろファンド	クローバー・ アセット・ マネジメント （東京） 03-3222-1220 （大阪） 06-4790-6200	08/04/08	1.60% ±0.20%
かいたくファンド		08/04/22	1.56% ±0.20%
らくちんファンド		08/04/24	1.60% ±0.30%
ひふみ投信	レオス・キャピタルワークス 03-6266-0123	08/10/01	1.029%
ユニオンファンド	ユニオン投信 0263-38-0725	08/10/20	1.9% ±0.30%
コモンズ30ファンド	コモンズ投信 03-3221-8730	09/01/19	1.21%
結い２１０１	鎌倉投信 050-3536-3300	10/03/29	1.05%

私が自信を持ってお勧めできる「厳選アクティブ投信」はこの5本

既存の大手運用会社の中にいても、頑張って真のアクティブ投資を貫いて良好な成績を続けているファンドマネジャーも数は少ないながらも存在します。

大切なのは、こうした真のアクティブ投信が順調に育ち、さらに数も増えていくことです。そのためには、先駆者である私たちが頑張って成功しなければなりません。私の願いは、良い投資家と、良い投資信託がたくさん育ち、日本経済が大復活することです。

さて、本書の最後に真のアクティブ投信、つまり厳選アクティブ投信だと私が認める銘柄を5本紹介したいと思います。良いアクティブ投信の選ぶ基準を挙げるとすれば、ファンドマネジャーの長年の成績、そして、投資哲学、さらに、投資に対する姿勢ということになります。今から紹介する5本の投信は、これらの基準を満たすものだと思いますし、私から見てすごく優秀なファンドマネジャーが、情熱を持って運用している商品ばかりです。

そして、私自身が「自分のお金を託してみたい」と思えるものばかりです。ぜひ、皆さんの資産運用の参考にしていただければと思います。

まず1本目はコモンズ投信の「コモンズ30ファンド」です。

同投信は、日本に資本主義を根付かせた立役者である渋澤栄一の玄孫である渋澤健さんが、理想の運用会社を作りたいという思いで私財を投げうって作りました。投資方針は**「30年投資に耐えられる超優良株30銘柄のみで運用する」**という、とてもユニークなものです。

運用の指揮を執るファンドマネジャーは吉野永之助さんです。吉野さんは、世界最大の運用会社であるキャピタルインターナショナルの日本法人の元社長。ホンダがベンチャーだったころから投資している大ベテランのファンドマネジャーで、運用業界の中では神様的な存在の人です。私も吉野ファンドマネジャーを非常に敬愛しております。運用チームのメンバーも皆とても優秀で、渋澤さんの理念に共感して情熱的に働く人たちばかりです。

このファンドは、投資先企業や投資家たちとのコミュニケーションをものすごく大事にしており、両社と長期的に良好な関係を築くことをめざしています。投資先企業と、投資家の思いをつなぐ架け橋のような存在となっているファンドでもあります。

成績も良好で、ファンド創設から3年経過して、ＴＯＰＩＸを上回る成績を収めています。

図6-3 コモンズ30ファンド

◉運用会社名称：コモンズ投信

長期的な視点で約3700社もある上場企業の中から30社程度に厳選して投資。世界（特にアジア）の成長を取り込むなどで長期的に企業価値を高めていける強い企業に投資し、TOPIXを上回る実績。視点の中には、経営理念や企業文化、ガバナンスなども含まれる。直販の他にソニー銀行でも購入可能。

◉ファンドマネジャー：吉野永之助

３名からなる運用チームの責任者である吉野は、日系の運用会社で20年にわたり外国株式、公社債を運用。その後、世界を代表するキャピタルグループで20年の日本株運用の実績を持つ。運用経験年数は世界でも有数。

◉組み入れ銘柄（任意の10銘柄）

銘柄名（コード・市場）	業種	銘柄名（コード・市場）	業種
コマツ（6301・東１）	機械	ユニ・チャーム（8113・東１）	化学
シスメックス（6869・東１）	電気機器	ディスコ（6146・東１）	機械
日揮（1963・東１）	建設	ベネッセホールディングス（9783・大１）	サービス
ローソン（2651・東１）	小売	日産自動車（7201・東１）	輸送用機器
楽天（4755・JQS）	サービス	エア・ウォーター（4088・東１）	化学

◉DATA（2011年11月末現在）

騰落率	騰落率（3カ月）	騰落率（６カ月）	騰落率（１年）	設定来
コモンズ30	-2.61%	-10.59%	-11.07%	15.18%
TOPIX	-4.52%	-12.14%	-13.37%	-5.37%

基準価額（円）	純資産額（百万円）	信託報酬（%）	信託財産留保額	購入時手数料（%）	信託期間	購入先
11,314	1279	1.21	なし	なし	2009年1月19日～	コモンズ投信（直販）、ソニー銀行

◉問い合わせ：コモンズ投信　03-3221-8730

（データは全て2011年11月末現在。TOPIXは配当込。）

2本目は鎌倉投信が運用する「結《ゆ》い2101《にいいちぜろいち》ファンド」。

同投信は社長の鎌田恭幸さんが、世代を超えた100年単位の投資を日本に根付かせたいという思いで創設しました。「100年個人投資家に支持される長寿投信をめざし、300年社会に貢献する会社を支援し、1000年続く持続的な社会を育む」という言葉をホームページに掲げており、コモンズ投信の30年投資もすごいですが、それを越えるかなり雄大な時間軸を持った投信と言えるでしょう。

ファンドマネジャーは新井和宏さん。鎌田さんと新井さんはもともと外資系運用会社の上司と部下の関係でしたが、お互い長期投資に対する思いを共有し、ともにこの投信会社を立ち上げたのです。

運用方針はなにしろ100年スタンスですから、目先の流行を追うことはありませんし、目先の株価の動きに一喜一憂することもありません。ひたすら、今後100年間の世の中について考え、その中で必要な企業はどんな企業なのかを追求しているのです。

実は、ヨーロッパにはこうしたタイプのファンドはよく存在します。その典型は、郊外の古い城を拠点とし、株価端末は置かずに、ファンドマネジャーは哲学や歴史の本をたくさん読んで思索にふけっているようなファンドです。

鎌倉投信はまさにこのようなイメージの投信です。実際に、鎌倉という金融業界とは程

図6-4 結い2101（ゆいにいいちぜろいち）

◉運用会社名称：鎌倉投信

日本株を中心に、本当に必要とされる「いい会社」に投資。銘柄を選ぶ際のキーワードは３つ。「人」＝人財を活かせる企業、「共生」＝循環型社会を創る企業、「匠」＝優れた企業文化を持ち、日本の匠な技術や感動的なサービスを提供する企業。直販投信で購入時手数料は無料。

◉ファンドマネジャー：新井和宏

日系信託銀行、外資系投信投資顧問会社等を通じ15年以上にわたり資産運用業務に携わる。豊富な運用経験を有し、前職での運用資産額は1兆円を超える。2008年11月鎌倉投信を創業、資産運用部長として運用業務を統括する。

◉組み入れ銘柄（上位10銘柄）

銘柄名（コード・市場）	業種	銘柄名（コード・市場）	業種
ニッポン高度紙工業（3891・JQS）	パルプ・紙	ユーシン精機（6482・東1）	機械
未来工業（7931・名2）	化学	エヌ・デーソフトウェア（3794・JQS）	情報・通信業
瑞光（6279・大2）	機械	タムロン（7740・東1）	精密機器
ＫＯＡ（6999・東1）	電気機器	デジタルハーツ（3620・東1）	情報・通信業
三洋化成工業（4471・東1）	化学	ナカニシ（7716・JQS）	精密機器

◉DATA（2011年11月末現在）

騰落率	騰落率（3カ月）	騰落率（６カ月）	騰落率（１年）	設定来
結い2101	-1.85%	-2.37%	2.55%	0.8%
TOPIX	-4.52%	-12.14%	-13.37%	-21.46%

基準価額（円）	純資産額（百万円）	信託報酬（%）	信託財産留保額	購入時手数料（%）	信託期間	購入先
10,080	917	1.05	なし	なし	2010年3月29日～	鎌倉投信（直販）

◉問い合わせ：鎌倉投信　050-3536-3300

（データは全て2011年11月末現在。TOPIXは配当込。）

遠い地で、改装した古民家屋を本部として独自の活動をしています。

ここで紹介する5本の投信の中でも、理念という点での思いは最も強く、そのピュアさはナンバーワンといえます。

しかし、単にピュアなだけではありません。社会との調和の上に発展する「いい会社」の株式に投資します。社会との調和の上に発展する「いい会社」に投資するという理念があり、小さな会社が多いのですが、その会社の成長とともにこの運用開始以来、リターンも高いまま推移しています。


3本目は、JPモルガン・アセット・マネジメントが運用する「JFザ・ジャパン」。この投資信託は設定されたのが1999年の12月ですから、運用を開始してもう12年になります。そしてこの直近10年間のリターンが、なんと207％という素晴らしい成績を誇っているのです。1年間の騰落率の結果ではこういった数字は見かけますが、この10年で、このような結果を出すのは本当に難しいことです。特に直近10年は本当にいろいろな危機があったわけで、そういった意味でも非常に驚くべき数字だと思います。この投信を運用するのは、表向きには名前が出ていませんが中山大輔さんという方で、私は才能あふれたファンドマネジャーだと思っていますし、歴史に名を残す人になるだろうと思っています。

図6-5 JFザ・ジャパン

◉運用会社名称：JPモルガン・アセット・マネジメント

ファミリーファンド方式で運用。日本の産業構造が変化していく中で、利益成長性が高く、株主を重視した経営を行っているわりに割安に放置されているトップクラスの株価上昇が期待できる企業（＝金メダル企業）に投資を行う。設定から12年を超え、直近10年のリターンは207%とトップクラス。

◉運用：JF運用本部JFジャパン・チーム

◉組み入れ銘柄（上位10銘柄）

銘柄名（コード・市場）	業種	銘柄名（コード・市場）	業種
アンリツ（6754・東1）	電気機器	サンリオ（8136・東1）	卸売業
UBIC（2158・マザーズ）	サービス業	チタン工業（4098・東1）	化学
KLab（3656・マザーズ）	情報・通信業	レオパレス21（8848・東1）	不動産業
グリー（3632・東1）	情報・通信業	伊藤忠テクノソリューションズ（4739・東1）	情報・通信業
ネットワンシステムズ（7518・東1）	情報・通信業	タクマ（6013・東1）	機械

◉DATA（2011年11月末現在）

騰落率	騰落率（6カ月）	騰落率（1年）	騰落率（3年）	設定来
JFザ・ジャパン	-0.74%	9.38%	57.50%	95.7%
TOPIX	-12.14%	-13.37%	-7.20%	-46.6%

基準価額（円）	純資産額（百万円）	信託報酬最高（%）	信託財産留保額	購入時手数料（%）	信託期間	購入先
19,314	12,588	1.785	なし	3.15%（最大）	1999年12月15日～	マネックス証券、楽天証券、SMBC日興証券、SBI証券他

◉問い合わせ：マネックス証券　0120-430-283
楽天証券　0120-188-547
SMBC日興証券　0120-550-250
SBI証券　0120-104-214 など

（データは全て2011年11月末現在。騰落率は投資信託、TOPIXともに配当込。）

中山さんの運用スタイルを一言でいえば「変幻自在」だと私は思います。不得意な相場状況や不得意なタイプの銘柄というものがないようで、どんな相場状況でも、どんな銘柄ででも、常に上手く資産を守りつつ儲けているイメージがあります。

リーマンショックのような暴風雨の時にはきちんと防御型のポートフォリオを組んでいますし、相場状況の良い時には目いっぱい帆を張って快進撃を続けるというような全天候型の運用をしています。また、大型株でも小型株でも、優良株でもボロ株でも、ハイテク株でもローテク株でも、チャンスがあれば果敢に買っていくオールラウンダーです。

4本目は、大和住銀《だいわすみぎん》投信投資顧問の「大和住銀日本小型株ファンド」。2004年6月の設定開始でこちらは10年の設定期限があるため2014年までの運用予定です。

この投信のファンドマネジャー、苦瓜《にがうり》達郎さんは、もともと大和総研の小型株アナリストでしたが、この頃から私は優秀なアナリストだと思い一目置いていました。

苦瓜さんの運用の特徴は、とにかく圧倒的な調査量に基づいているということです。会社訪問や調査を年間300社以上と聞いたことがあります。この数はおそらく日本一ではないでしょうか。私も会社訪問の数についてはは自信がありますが、苦瓜さんにだけはかないません。素直に脱帽です。

図6-6 大和住銀日本小型株ファンド

◉運用会社名称：大和住銀投信投資顧問

主に東証1部以外の銘柄を投資対象としている。ニッチビジネスで収益チャンスをとらえている企業、変革・転換による改善で成長性が見込める企業、また知名度がないが高収益企業などを発掘し、割安（バリュー）と成長（グロース）の両面でアプローチ。3年間のリターンは48.4％を誇る。2014年6月までの運用。

◉ファンドマネジャー：苦瓜達郎

1991年大和総研入社。アナリストとして中小型銘柄の担当を経て2002年より大和住銀投信投資顧問。2003年より、中小型株担当ファンドマネジャー。当ファンドの他、「J-Stockアクティブ・オープン」等の運用を担当。

◉組み入れ銘柄（上位10銘柄）

銘柄名（コード・市場）	業種
トーカイ（9729・東1）	サービス業
ワッツ（2735・JQS）	小売業
リロ・ホールディング（8876・東1）	不動産業
ゲンキー（2772・東1）	小売業
プレステージ・インターナショナル（4290・JQS）	サービス業
スター・マイカ（3230・JQS）	不動産業
ヒューテックノオリン（9056・東2）	陸運業
トランコム（9058・東2）	倉庫・運輸関連業
萩原工業（7856・東2）	その他製品
ステップ（9795・東2）	サービス業

◉DATA（2011年11月末現在）

騰落率	騰落率（6カ月）	騰落率（1年）	騰落率（3年）	設定来
大和住銀日本小型株ファンド	1.55%	17.66%	48.42%	-32.00%
TOPIX	-12.14%	-13.37%	-7.20%	-29.24%

基準価額（円）	純資産額（百万円）	信託報酬最高（％）	信託財産留保額	購入時手数料（最大）	信託期間	購入先
6,143	3,945	1.596	なし	3.15%	2004年6月11日～	大和証券、大和証券キャピタル・マーケッツ

◉問い合わせ：大和証券　0120-010101

（データは全て2011年11月末現在。騰落率は投資信託、TOPIXともに配当込。）

運用スタイルは極めてオーソドックスで、小型株を中心にとにかく良い銘柄を安く買い、値上がりしたら売る、というものに徹しています。組み入れ銘柄などをみても、市場には関係なく東証2部やジャスダックなどでもキラリと光る銘柄が並んでいます。

そうした基本にのっとった運用スタイルを、莫大な取材・分析に基づいて、ひたすら追求しているのです。

そうした意味では、先ほど紹介したオールラウンダーで天才型の中山さんと対象的ですが、両社とも同じくらい高レベルの運用成績で競っているライバル同士でもあります。

そして最後の5本目は、私が経営するレオス・キャピタルワークスが運用する「ひふみ投信」です。

ひふみ投信に関しては、本書の中で何度も触れてきましたが、私が20年超のファンドマネジャー人生の全てを注いで育てている投信です。私はこの投信で、お客様の資産はもちろん、日本の未来も育てたいという願いを持っています。こちらの運用チームは私を含めて5人で、いずれも信頼できる優秀な専門家ばかりです。その一人の湯浅光裕《ゆあさみつひろ》は、私と20年来の知り合いで、いっしょにレオス・キャピタルワークスを創業しました。私にとって無二のパートナーで、ロスチャイルド・アセット・マネジメントでファンドマネジャーを

図6-7 ひふみ投信

◉運用会社名称：レオス・キャピタルワークス

日本株全体で割安・成長期待できる銘柄に投資。長期保有・コスト安という理念のもと、直販で購入時手数料を無料で販売、さらに信託報酬（運用管理費用）がアクティブ投信には珍しく1.029%と格安。さらに5年以上の保有で0.2%、10年以上の保有で0.4%を差し引く。口座開設をすれば全投資銘柄がわかる。

◉ファンドマネジャー：藤野英人

90年日系投資顧問会社に入社、中小型株のファンドの運用に携わり、その後外資系の運用会社では500億円⇒2800億円に殖やすという抜群の運用成績を残す。03年レオス・キャピタルワークスを設立、CIO（最高運用責任者）となる。

◉組み入れ銘柄（上位10銘柄）

銘柄名（コード・市場）	業種
スタートトゥデイ（3092・マザーズ）	小売
スリー・ディー・マトリックス（7777・JQG）	精密機器
ファナック（6954・東1）	電気機器
ジェイアイエヌ（3046・JQS）	小売
セリア（2782・JQS）	小売

銘柄名（コード・市場）	業種
JPホールディングス（2749・東2）	サービス
ダイハツ工業（7262・東1）	輸送用機器
エムスリー（2413・東1）	サービス
ワタミ（7522・東1）	小売
GMOペイメントゲートウェイ（3769・東1）	情報・通信

◉DATA（2011年11月末現在）

騰落率	騰落率（6カ月）	騰落率（1年）	騰落率（3年）	設定来
ひふみ	-8.17%	4.38%	14.20%	19.18%
TOPIX	-12.14%	-13.37%	-7.20%	-28.75%

基準価額（円）	純資産額（百万円）	信託報酬最高（%）	信託財産留保額	購入時手数料（%）	信託期間	購入先
11,908	1,490	1.029	なし	なし	2008年10月1日～無制限	レオス・キャピタルワークス（直販）

◉問い合わせ：レオス・キャピタルワークス　03-6266-0123

（データは全て2011年11月末現在。TOPIXは配当込。）

長く務めていたベテランでもあり、成績も常に上位争いをしてきたような腕前です。その他に渡邉庄太《わたなべしょうた》、金崎真紘《かねざきまさひろ》、佐々木靖人《ささきやすと》という3人がおりますが、いずれも私の理念に共感してくれて、フットワークよく熱心に働いてくれる優秀なメンバーです。3人とも、私や湯浅も見逃しているような良い銘柄をよく見つけてきてくれます。

今のところ、日本株の投資信託で私が「厳選アクティブ投信」としてご紹介できるのは以上の5つです。

現状では少ないながらも、真のアクティブ投信と言えるものが存在することは確かです。そして、これらの投信が頑張って育ち続けていけば、やがてそれは大きな潮流となり、日本に真のアクティブ投信、アクティブ運用が根付いていくことになるでしょう。

それは、日本経済にとっても革命的な意味を持つことになるはずです。

おわりに

先日、フランス大使館で働くフランス人の方とディナーをする機会があり、フランスの三色旗の話になりました。「自由・平等・博愛」についての話です。

三色旗は赤と白と青の3つの色で表現をされています。色と意味は関係がないと聞いてはいたのですが、彼曰く、「関係あると思う」。

白は平等ではないか。だって白でしょ。色がないんだから。透明でピュアだ。そこには差がない平等の世界観がある。

青は空や海。それこそ自由さ。どこまでも広がる空間。地平線。それこそが自由ではないか。

そして赤は博愛なんですかと私が聞くと、彼は私の意見なのだがと前置きをしながら、赤は博愛ではないと思う、赤は本当は革命とかイノベーションの意味なのさ。だってフランス革命の時にできたんだからね。赤は血の色。そして革命なんだ、博愛よりもっとパワフルさ、と。

私はその彼の説に驚きながらも合点のいく気分でした。というのも自由・平等・博愛の3つについては私自身よく考えるテーマで、3番目の博愛についてなんとなく釈然としない思いがあったからです。

日本のみならず世界は21世紀に入り、「自由」と「平等」という2つの価値観の中で揺れ動いています。「自由」が尊ばれる世界の中では、才能がある人が自由に羽ばたき認められ活躍をすることができます。一方で、一部の才能のある人が賞賛され、ごく一握りの商才のある人が多くの富を手にするということになりかねません。おおむね資本主義的な考え方は自由をとても好みます。自由と資本主義を推し進めれば、大きな格差社会を生み出しかねません。

一方で、「平等」、格差のない社会というのは、一部の人に富が集中するのを好まず、公平な分配ということを重要視します。そのためにはある程度、強い者、力の強い者の行動が制限されることが多くなり、その富を貧しきものに再配分すべきだ、という価値観が強くなります。民主主義は平等という価値観が大好きです。しかし平等と民主主義を推し進めると、社会から活力が失われ、結果的に全体のパイが小さくなるということが起きます。それはソビエト連邦などの多くの社会主義国が破綻したことをみると明らかです。

私はそれを補完する概念が「博愛」だと思っていました。自由と平等の矛盾を埋めるのが博愛であり、ある種、富める者が自発的にその富を社会に回していくことで自由と平等のバランスを取るものだと。最近、日本でも広まってきた社会起業家やNGOやNPOに対する関心の高まりもその「博愛」のひとつのあらわれだと考えていました。

とはいえ、一方で、「自由」とか「平等」という概念に比べて3つに鼎立するには「博愛」というのはパワー不足には思えませんか。「自由」や「平等」にある極めて強大なパワーに比べて「博愛」があまりに貧弱に思えます。「博愛」というとお腹がせり出たお人好しのおじさんのイメージで、せいぜい、「自由」と「平等」という偉大だが仲が悪い兄弟を仲介する接着剤のような役割ではないかと。

しかし、そのフランス人の解釈、「革命」や「イノベーション」という言葉に膝を打つ思いがしました。これなら「自由」や「平等」に負けない。「革命」や「イノベーション」とはそもそも土台からルールを変えてしまおうという意志やパワーのことですから。

私は今の日本に「自由」と「平等」の間に確執があることを感じています。市場経済を有効活用して経済を活発化させようという考え方【自由主義】と既存の市場規模を前提にどう公平に分配するかという考え方【平等主義】に対立があり、それぞれ譲らない。

とはいえ、目を凝らしてみれば、日本には「イノベーション」というパワーが、新聞やテレビでは見過ごされているけれども、着実に起きています。この本で紹介をしたとおり、日経平均指数やＴＯＰＩＸでみるかぎり、この20年近く日本は停滞をしているようにみえます。ＴＯＰＩＸでみると、この10年で26％も下がり続けているのです。

本の中では10年を見ましたが、もっと直近、リーマンショック後の日本の株式市場はどうだったでしょうか。

２００８年９月末から２０１１年９月末までの３年間ではＴＯＰＩＸは30％も下落をしています。

しかし、そのような悪環境の中で株価が上昇をした会社は１２１７社もあります。そのうち97％が時価総額３０００億円以下の中堅企業でした。リーマンショック、東日本大震災、欧州危機、タイ洪水など散々に打ちのめされて、企業経営については最悪の時だったのにかかわらずです。

この数字をもう少し細かくみると、全上場会社は３８７８社で、この中で時価総額３０００億円以上の会社は２３９社です。そのうち上昇したのは３５社なので株価が上昇したのは14％です。一方、時価総額３０００億円以下の会社は３６３９社もありますが、株価が上昇した会社も１１８２社もあり、このカテゴリでみれば株が上がった割合は32％になります。

さらに、同時期に50％以上株価が上昇した会社は何社あるのでしょうか？

なんと３３２社もあります。**日本の上場をしている会社の10％近い会社が、市場が３割も下がっている中で５割以上も株価を上昇させているのです。**そして、この中で、時価総額３０００億円以上の大企業が何社あったか。大東建託、住生活グループ、楽天、ソフトバンクのたった４社です。これらは大企業でもいわゆる伝統的な会社ではないのですね。

閉塞した社会を作っているイメージのほとんどは日本の大企業の停滞によるものです。それでも、多くの個人投資家、機関投資家が大企業中心のＴＯＰＩＸや日経平均指数に投資をしており、また多くの若者が大企業へ行きたいと願っています。ところが、大きければ安心であるという時代は既に崩壊しており、少なくともＴＯＰＩＸや日経平均指数でみるかぎりこの20年間はとっくに大企業神話は崩れているのです。

そのような環境下でも、多くの年金資金や個人投資家が日本株において大企業中心の運用をしているのはとても残念です。

もちろん小さい会社であれば安全であるかというとそれも極論でしょう。私はより小さい会社に投資をしたほうが安全であるとか、より小さい会社に就職をすれば安心だと言いたいわけではありません。会社の大小とか社格というような差別をしないで、曇りなき目で良い企業を発掘していくという投資家としての気概を持ちましょうということが私の伝えたいメッセージです。

視点はひとつ。成長をしているかしていないか、です。成長を目指してイノベーションを起こして、前に進んでいるかどうかです。そのような経営者や経営陣、社員が頑張っている会社かどうかをきちんと人の目で見極めていくことが大事なのです。安易な日本衰退論に与して、自分の未来がないかのごとく暗い気持ちにならないで下さい。

イノベーションといっても、世界のルールを変えるほど激しいものである必要はありません。他の企業やライバルが提供するよりもほんの少し素敵で、少しだけ価格が安く、そして低コストでその存在を知ってもらい、それを利用する人がほんの少しでも快適になるものであれば。とはいえこのようなほんの少しの差をつけるのが、本当に大変なことなのです。

このリーマンショック後の厳しい経済状況、株式市場の状況でさえ、1217社もの会社の株式が上昇をしている現実を見つめて下さい。未来は政府や大企業から与えられるものではなく、私たちが自分たちの手でつかみとるものです。そのためには自分でイノベーションを起こすか、自分でイノベーションを起こす企業を応援したり、そのような政治団体やＮＰＯ、ＮＧＯ、アーティストなど世界を変えたい人を支援したりすることで得られます。世界をほんの少しでも素敵な方向へ変えていく力である「イノベーション」に力を貸していただけませんか。

巻末にあるのは、実際にリーマンショック後に株価を50％以上上昇させた会社の銘柄リストです。これはもちろん推奨銘柄リストではありません。私のメッセージは、少なくとも逆風下に株価を上げた会社（そしてその多くは業績がプラスであった）があるということを感じてもらいたいのです。

そして、日本が言われているほどダメなわけではなく、こんなに頑張った会社があり、いまもなお努力をし続けていることを自らの目で見て下さい。このリストにない会社にもすごい会社はたくさんありますし、未上場の会社にも成長している会社はたくさんあります。そして、ぜひ次にこのようになる会社を探して、投資をするなり、いっしょにビジネスをするなり、就職をするなりして盛り上げていきましょう。投資というのはお金でお金を稼ぐようなことではありません。未来を信じる力こそが真の投資力です。そして未来を創造する人こそが真の投資家です。

いっしょに日本の未来を創っていきましょう。

最後にこの本を出すにあたり、日ごろ、ひふみ投信でファンドマネジャー・アナリストとして汗をかいている湯浅・渡辺・金崎・佐々木さんに感謝申し上げます。高い運用成績は彼らの日々の努力の賜物です。また営業の白水美樹さんの、いつも心強いサポートにも感謝です。編集の木村香代さん、編集の作業に多大なる貢献をいただいた小泉秀希さんにもこの場を借りて御礼申し上げます。

そして最後まで本をお読みいただいた読者の方々に最大の感謝の気持ちをお伝えして、ここで筆を置きたいと思います。

藤野英人

平成24年1月

付-1 3年(2008.9～2011.9)で株価が50%以上上昇している銘柄(3,000億円以上)

コード	銘柄名	時価総額 08/09/30 (億円)	株価 08/09/30 (円)	株価 11/09/30 (円)	株価 騰落率 (%)
1878	大東建託	4,793	3,870	7,140	84.5
9984	ソフトバンク	14,515	1,343	2,292	70.7
5938	住生活グループ	4,132	1,320	2,183	65.4
4755	楽天	7,639	58,400	90,300	54.6

付-2 3年(2008.9～2011.9)で株価が50%以上上昇している銘柄(3,000億円未満)

コード	銘柄名	時価総額 08/09/30 (億円)	株価 08/09/30 (円)	株価 11/09/30 (円)	株価 騰落率 (%)
4565	そーせいグループ	14	11,500	159,300	1,285.2
1413	桧家ホールディングス	9	66	870	1,211.6
2138	クルーズ	14	10,475	123,200	1,076.1
2157	コシダカホールディングス	16	166	1,880	1,036.0
1407	ウエストホールディングス	8	66	691	947.0
9204	スカイマーク	74	124	1,246	904.8
1408	サムシングホールディングス	2	14,000	131,500	839.3
2158	ＵＢＩＣ	21	1,850	16,500	791.9
3343	チップワンストップ	7	24,400	217,100	789.8
2782	セリア	44	58,000	431,000	643.1
3815	メディア工房	7	10,500	72,300	588.6
2160	ジーエヌアイグループ	10	14	92	557.1
2494	メディカル・ケア・サービス	5	38,100	250,000	556.2
3859	シナジーマーケティング	18	215	1,303	507.5
3046	ジェイアイエヌ	20	96	577	501.0
Z2167	ウェブマネー	34	57,000	324,500	469.3
8875	東栄住宅	41	151	806	433.8
3092	スタートトゥデイ	346	322	1,710	431.5
2489	アドウェイズ	20	25,000	122,800	391.2
8508	Ｊトラスト	27	96	449	367.7
2162	日本マニュファクチャリングサー	15	13,600	58,200	327.9
3853	インフォテリア	8	68	268	296.7
7747	朝日インテック	86	540	2,073	283.9
2726	パル	83	719	2,738	280.8
3793	ドリコム	26	19,400	73,800	280.4
4570	免疫生物研究所	6	1,041	3,940	278.5
4330	セラーテムテクノロジー	8	2,020	7,540	273.3
3349	コスモス薬品	214	1,070	3,985	272.4
3769	ＧＭＯペイメントゲートウェイ	84	98,000	364,000	271.4
Z2133	ＧＡＢＡ	23	51,500	190,000	268.9
8998	ＳＢＩライフリビング	5	21,700	80,000	268.7
8880	飯田産業	112	179	658	268.6
2928	健康ホールディングス	14	4,700	17,200	266.0
6932	遠藤照明	40	299	1,091	264.9
2342	トランスジェニック	17	15,990	57,500	259.6
3393	スターティア	12	273	924	239.1

3360	シップヘルスケアホールディング	191	571	1,927	237.5
4571	ナノキャリア	10	7,536	25,120	233.3
8907	フージャースコーポレーション	24	7,480	24,800	231.6
7849	スターツ出版	11	55,000	180,000	227.3
3047	ＴＲＵＣＫ－ＯＮＥ	2	8,000	25,950	224.4
3228	三栄建築設計	38	200	649	224.3
7605	フジ・コーポレーション	14	290	939	223.8
6897	ツインバード工業	10	116	375	223.3
8996	ハウスフリーダム	5	13,000	42,000	223.1
8136	サンリオ	1,015	1,152	3,650	216.8
4924	ドクターシーラボ	450	161,300	501,000	210.6
7593	ＶＴホールディングス	36	105	321	205.7
5196	鬼怒川ゴム工業	144	214	653	205.1
2656	ベクター	27	19,300	58,300	202.1
6754	アンリツ	367	287	863	200.7
3070	アマガサ	6	58,000	172,000	196.6
8917	ファースト住建	33	197	584	196.4
1888	若築建設	48	37	109	194.6
2130	メンバーズ	3	10,300	30,000	191.3
2374	セントケア・ホールディング	18	24,700	71,100	187.9
3085	アークランドサービス	18	750	2,155	187.3
5344	ＭＡＲＵＷＡ	129	1,166	3,310	183.9
9882	イエローハット	91	364	1,033	183.8
4714	リソー教育	73	1,715	4,865	183.7
5380	新東	4	97	270	178.4
2370	メディネット	26	4,460	12,240	174.4
4098	チタン工業	44	145	395	172.4
2400	メッセージ	202	100,500	269,200	167.9
3794	エヌ・デーソフトウェア	20	577	1,540	166.9
3246	コーセーアールイー	6	140	370	164.3
2352	エイジア	3	115	300	162.0
7245	大同メタル工業	154	343	897	161.5
8157	都築電気	74	290	758	161.4
1724	シンクレイヤ	4	108	280	159.3
5342	ジャニス工業	8	44	114	159.1
7613	シークス	99	394	1,016	157.9
3891	ニッポン高度紙工業	77	699	1,800	157.5
2311	エプコ	24	506	1,295	155.9
9439	エム・エイチ・グループ	12	9,200	23,450	154.9
8767	ウェブクルー	37	216	535	148.1
3778	さくらインターネット	21	235	582	147.7
2735	ワッツ	24	323	798	147.4
8895	アーネストワン	214	326	805	146.9
7748	ホロン	2	6,300	15,500	146.0
7419	ノジマ	55	269	660	145.4
6934	新神戸電機	277	544	1,332	144.9
6750	エレコム	137	555	1,350	143.2
3250	エー・ディー・ワークス	5	3,775	9,100	141.1
6662	ユビテック	27	19,000	45,800	141.1
2772	ゲンキー	23	770	1,835	138.3
2432	ディー・エヌ・エー	2,002	1,373	3,270	138.1
2333	ジー・モード	14	12,300	29,200	137.4
3034	クオール	68	27,250	64,600	137.1
1929	日特建設	52	38	90	136.8
2373	ケア２１	9	36,800	87,000	136.4
7550	ゼンショーホールディングス	551	464	1,093	135.6
2792	ハニーズ	133	478	1,121	134.5
7646	ＰＬＡＮＴ	18	260	603	131.9
8887	リベレステ	22	20,500	47,500	131.7

7728	日本電産トーソク	161	418	963	130.7
2406	アルテ　サロン　ホールディング	12	20,700	47,700	130.4
2791	大黒天物産	167	1,160	2,650	128.4
3079	ディーブイエックス	13	465	1,060	128.0
2398	ツクイ	58	450	1,020	126.7
8915	タクトホーム	73	30,550	69,200	126.5
4819	デジタルガレージ	161	100,800	227,500	125.7
2413	エムスリー	896	171,500	386,000	125.1
1813	不動テトラ	131	72	162	125.0
1879	新日本建設	57	93	209	124.7
3756	豆蔵ＯＳホールディングス	14	45,500	102,200	124.6
3333	あさひ	209	840	1,869	122.5
8810	大阪港振興	18	1,180	2,598	120.2
7707	プレシジョン・システム・サイエ	13	14,950	32,900	120.1
2362	夢真ホールディングス	37	50	110	120.0
2222	寿スピリッツ	42	350	768	119.4
3038	神戸物産	88	1,000	2,185	118.5
9769	学究社	20	294	640	117.7
3798	ＵＬＳグループ	12	21,100	45,900	117.5
3097	物語コーポレーション	22	608	1,294	112.9
3733	ソフトウェア・サービス	46	839	1,784	112.6
4751	サイバーエージェント	639	98,500	208,500	111.7
2751	テンポスバスターズ	15	31,000	65,600	111.6
8999	グランディハウス	20	19,700	41,600	111.2
4082	第一稀元素化学工業	81	1,650	3,475	110.6
2124	ジェイエイシーリクルートメント	16	2,280	4,770	109.2
6716	テクニカル電子	5	61	127	108.2
2796	ファーマライズホールディングス	12	18,267	38,000	108.0
6661	オプテックス・エフエー	17	340	705	107.4
4348	インフォコム	51	35,100	72,500	106.6
4100	戸田工業	146	301	621	106.3
3254	プレサンスコーポレーション	74	500	1,030	106.0
9430	ＮＥＣモバイリング	198	1,365	2,800	105.1
2155	カービュー	30	47,550	97,500	105.0
2764	ひらまつ	43	28,050	57,500	105.0
3322	アルファグループ	7	21,000	43,000	104.8
2749	ＪＰホールディングス	54	350	715	104.3
2477	比較．ｃｏｍ	7	21,800	44,400	103.7
5949	ユニプレス	420	1,036	2,109	103.6
4336	クリエアナブキ	4	187	380	103.5
7942	ＪＳＰ	208	661	1,344	103.3
1893	五洋建設	275	112	227	102.7
2799	パイオン	23	5,050	10,210	102.2
9729	トーカイ	152	879	1,775	101.9
3341	日本調剤	115	1,435	2,895	101.7
4555	沢井製薬	653	4,160	8,360	101.0
3742	ＩＴｂｏｏｋ	2	6,400	12,830	100.5
4288	アズジェント	10	24,900	49,900	100.4
6838	多摩川ホールディングス	6	110	220	100.0
4205	日本ゼオン	871	360	717	99.2
9788	ナック	71	761	1,514	98.9
3440	日創プロニティ	3	35,100	69,500	98.0
2128	ノバレーゼ	29	27,350	54,100	97.8
7991	マミヤ・オーピー	42	45	89	97.8
2169	ＣＤＳ	16	46,000	90,900	97.6
3241	ウィル	3	23,280	46,000	97.6
1890	東洋建設	138	41	81	97.6
9880	イノテック	55	238	470	97.5
4781	日本ハウズイング	146	993	1,960	97.4

2371	カカクコム	938	1,635	3,215	96.6
7256	河西工業	94	239	469	96.2
4244	東山フイルム	18	491	962	95.9
6460	セガサミーホールディングス	2,674	944	1,825	93.3
6486	イーグル工業	220	443	853	92.6
8282	ケーズホールディングス	967	1,590	3,055	92.1
9381	エーアイテイー	25	515	989	92.0
6256	ニューフレアテクノロジー	91	90,900	173,800	91.2
9640	セゾン情報システムズ	87	535	1,020	90.7
3384	アークコア	4	18,000	34,300	90.6
2139	中広	4	63	120	90.5
9603	エイチ・アイ・エス	413	1,205	2,289	90.0
2453	ジャパンベストレスキューシステム	26	37,900	71,400	88.4
7599	ガリバーインターナショナル	194	1,813	3,410	88.1
1921	巴コーポレーション	62	151	284	88.1
1919	エス・バイ・エル	94	56	105	87.5
4779	ソフトブレーン	12	4,000	7,500	87.5
3064	ＭｏｎｏｔａＲＯ	154	419	785	87.5
7606	ユナイテッドアローズ	340	795	1,489	87.3
2419	日本ＥＲＩ	35	443	830	87.2
5951	ダイニチ工業	105	550	1,028	86.9
5943	ノーリツ	484	953	1,780	86.8
7577	パスポート	7	137	255	86.1
8051	山善	293	312	580	85.9
3042	セキュアヴェイル	5	18,990	35,250	85.6
Z9833	エルクコーポレーション	23	360	667	85.3
4734	ビーイング	4	50	92	84.0
4820	ＥＭシステムズ	34	422	775	83.6
8850	スターツコーポレーション	91	190	348	83.2
6888	アクモス	8	8,200	14,890	81.6
2757	オストジャパングループ	2	140	253	80.7
7865	ピープル	18	410	740	80.5
1884	日本道路	113	116	209	80.2
6140	旭ダイヤモンド工業	397	607	1,093	80.1
4406	新日本理化	57	149	268	79.9
9627	アインファーマシーズ	246	1,920	3,440	79.2
7541	メガネトップ	207	455	810	78.1
6268	ナブテスコ	1,063	836	1,486	77.8
3397	トリドール	150	408	723	77.0
3082	きちり	5	65,000	115,000	76.9
6463	ＴＰＲ	189	533	942	76.7
3730	マクロミル	134	521	919	76.4
4410	ハリマ化成	106	406	716	76.4
4556	カイノス	7	149	262	75.8
8291	日産東京販売ホールディングス	41	62	109	75.8
8119	三栄コーポレーション	29	225	395	75.6
4825	ウェザーニューズ	169	1,429	2,500	74.9
7821	前田工繊	30	600	1,045	74.2
Z7845	ハイビック	38	110	191	73.6
7294	ヨロズ	249	1,162	2,012	73.1
3355	クリヤマ	32	290	500	72.4
8439	東京センチュリーリース	467	895	1,543	72.4
3844	コムチュア	16	90,900	156,700	72.4
9820	エムティジェネックス	7	65	112	72.3
4845	フュージョンパートナー	11	7,400	12,750	72.3
3895	ハビックス	14	173	297	71.7
3811	ビットアイル	159	94,900	162,600	71.3
9232	パスコ	112	151	258	70.9
3598	山喜	8	98	167	70.4

5956	トーソー	25	214	363	69.6
2120	ネクスト	45	242	410	69.4
7947	エフピコ	722	3,260	5,520	69.3
2405	ＦＵＪＩＫＯＨ	5	250	423	69.2
4240	クラスターテクノロジー	7	11,900	20,050	68.5
6412	平和	1,189	820	1,380	68.3
6644	大崎電気工業	175	455	765	68.1
2485	ティア	18	800	1,345	68.1
3848	データ・アプリケーション	8	48,200	81,000	68.0
2924	イフジ産業	14	250	420	68.0
4544	みらかホールディングス	1,245	2,040	3,420	67.6
6907	ジオマテック	55	603	1,010	67.5
9982	タキヒヨー	147	266	445	67.3
7961	兼松日産農林	34	82	137	67.1
2425	ケアサービス	6	54,000	90,000	66.7
7717	ブイ・テクノロジー	85	183,000	305,000	66.7
3952	中央紙器工業	28	530	882	66.4
3734	インテア・ホールディングス	13	24,700	41,050	66.2
3435	サンコーテクノ	24	1,085	1,800	65.9
4829	日本エンタープライズ	19	4,950	8,200	65.7
1916	日成ビルド工業	46	64	106	65.6
3311	アップガレージ	3	19,700	32,600	65.5
8919	やすらぎ	39	185	306	65.4
2321	ソフトフロント	16	18,390	30,400	65.3
3775	ガイアックス	6	26,627	44,000	65.2
9956	バロー	425	807	1,333	65.2
6516	山洋電気	193	297	489	64.6
4666	パーク２４	865	585	961	64.3
2743	ハイブリッド・サービス	6	11,330	18,600	64.2
1826	佐田建設	30	39	64	64.1
3398	クスリのアオキ	54	701	1,148	63.8
3098	ココカラファイン	259	1,298	2,125	63.7
1867	植木組	36	104	170	63.5
3077	ホリイフードサービス	9	301	492	63.5
7214	ＧＭＢ	42	815	1,332	63.4
3326	ランシステム	5	28,800	46,900	62.8
2892	日本食品化工	80	249	405	62.7
6260	アドテックエンジニアリング	18	285	463	62.5
8876	リロ・ホールディング	146	960	1,558	62.3
8746	第一商品	46	283	459	62.2
6279	瑞光	53	740	1,200	62.2
6961	エンプラス	195	935	1,515	62.0
7879	ノダ	35	200	324	62.0
Z3078	ユニバース	123	1,160	1,877	61.8
7564	ワークマン	273	1,276	2,062	61.6
8860	フジ住宅	86	234	378	61.5
7248	カルソニックカンセイ	803	294	474	61.2
7965	象印マホービン	123	170	274	61.2
7740	タムロン	431	1,528	2,462	61.1
4668	明光ネットワークジャパン	162	465	749	61.1
6484	ＫＶＫ	33	199	320	60.8
4335	アイ・ピー・エス	3	14,000	22,500	60.7
4239	ポラテクノ	186	68,500	110,000	60.6
9639	三協フロンテア	48	204	327	60.3
6755	富士通ゼネラル	315	288	461	60.1
8771	イー・ギャランティ	25	625	999	59.8
3235	トラストパーク	9	19,400	31,000	59.8
7483	ドウシシャ	262	1,404	2,240	59.5
3091	ブロンコビリー	44	1,330	2,112	58.8

9842	アークランドサカモト	201	970	1,540	58.8
4564	オンコセラピー・サイエンス	175	87,400	138,700	58.7
3386	コスモ・バイオ	22	36,000	57,100	58.6
2487	ＣＤＧ	22	1,045	1,651	58.0
7888	三光合成	23	107	169	57.9
3058	三洋堂書店	27	570	900	57.9
Z3114	プロジェ・ホールディングス	7	19	30	57.9
4355	ロングライフホールディング	10	93	146	57.8
4318	クイック	16	85	134	57.6
3738	ティーガイア	355	107,600	169,300	57.3
2415	ヒューマンホールディングス	15	13,990	22,010	57.3
7233	自動車部品工業	80	289	454	57.1
3387	クリエイト・レストランツ・ホー	46	270	424	57.0
2816	ダイショー	42	430	675	57.0
7952	河合楽器製作所	89	104	163	56.7
Z7020	サノヤス・ヒシノ明昌	51	157	246	56.7
5232	住友大阪セメント	718	168	263	56.5
1853	森組	10	32	50	56.3
5809	タツタ電線	179	255	397	55.7
7874	レック	73	1,010	1,570	55.4
2491	バリューコマース	23	12,190	18,900	55.0
8066	三谷商事	187	592	917	54.9
5609	日本鋳造	42	99	153	54.5
7438	コンドーテック	81	598	923	54.3
2435	シダー	12	203	312	53.7
3739	コムシード	2	4,890	7,510	53.6
4792	山田コンサルティンググループ	19	38,100	58,500	53.5
5011	ニチレキ	84	266	408	53.4
3068	ＷＤＩ	18	291	446	53.3
7242	カヤバ工業	640	287	439	53.0
4754	トスネット	8	187	286	52.9
9441	ベルパーク	43	64,100	98,000	52.9
6299	神鋼環境ソリューション	94	144	220	52.8
3094	スーパーバリュー	15	715	1,091	52.6
5018	ＭＯＲＥＳＣＯ	42	528	805	52.5
5947	リンナイ	2,315	4,270	6,510	52.5
1861	熊谷組	74	44	67	52.3
6284	日精エー・エス・ビー機械	61	400	609	52.3
5357	ヨータイ	59	230	350	52.2
3774	インターネットイニシアティブ	496	240,000	364,000	51.7
4317	レイ	13	93	141	51.6
2923	サトウ食品工業	62	1,221	1,850	51.5
6584	三櫻工業	182	490	742	51.4
7278	エクセディ	947	1,949	2,948	51.3
8103	明和産業	63	151	228	51.0
9027	ロジネット　ジャパン	37	265	400	50.9
8018	三共生興	106	177	267	50.8
1873	東日本ハウス	58	126	190	50.8
4711	東急コミュニティー	247	1,718	2,590	50.8
Z7960	パラマウントベッド	444	1,400	2,109	50.6
5986	モリテック　スチール	49	216	325	50.5
7239	タチエス	320	915	1,376	50.4
9994	やまや	51	518	778	50.2
8107	キムラタン	21	4	6	50.0
1776	三井住建道路	15	80	120	50.0
3237	イントランス	8	12,400	18,600	50.0

※コードの前に「Z」がついているものは現在、上場していない会社です。

［著者］
藤野英人（ふじの・ひでと）
レオス・キャピタルワークス取締役・最高投資責任者（CIO）。
1966年富山県生まれ。90年早稲田卒業後、国内外の運用会社で活躍、特に中小型株および成長株の運用経験が長く、22年で延べ5000社、5500人以上の社長に取材し、抜群の成績をあげる。中でも99年には500億円⇒2800億円にまで殖やす抜群の運用成績を残し、伝説のカリスマファンドマネジャーと謳われる。
その後、2003年に独立、現会社を創業。現在は、販売会社を通さずに投資信託（ファンド）を購入するスタイルである、直販ファンドの「ひふみ投信」を運用。ファンドマネジャーとして高パフォーマンスをあげ続けている。
主な著書に『【図解】スリッパの法則　5000人の社長に会ったプロが教える！ 伸びる会社ｖｓ危ない会社の見わけ方』（PHP研究所）、『もしドラえもんの「ひみつ道具」が実現したら』（阪急コミュニケーションズ）、『運用のプロが教える草食系投資』（共著：日本経済新聞社）他
ツイッター　@fu4
ひふみ投信　http://123.rheos.jp/

※実際に投資されるときは、最新の情報を確認し、ご自身の判断でお願いいたします。本書を利用したことによる、いかなる損害などについても著者および出版社はその責を負いません。

日経平均を捨てて、この日本株を買いなさい。
――22年勝ち残るNo.1ファンドマネジャーの超投資法

2012年2月9日　第1刷発行

著　者――藤野英人
発行所――ダイヤモンド社
〒150-8409　東京都渋谷区神宮前6-12-17
http://www.diamond.co.jp/
電話／03･5778･7234（編集）　03･5778･7240（販売）
装丁――水戸部功
本文デザイン・DTP―桜井淳
イラスト――村山宇希（ぽるか）
カバー写真―和田佳久
製作進行――ダイヤモンド・グラフィック社
印刷・製本―ベクトル印刷
編集協力――小泉秀希
編集担当――木村香代

ISBN 978-4-478-01714-2